Ultramind

Le guide du débutant sur l'ESP en utilisant la méthode Silva

James U. Lerwick

2| CLAUSE DE NON-RESPONSABILITÉ

Bien que toutes les précautions aient été prises lors de la préparation de ce livre, l'éditeur n'assume aucune responsabilité pour les erreurs, omissions ou dommages résultant de l'utilisation des informations contenues dans ce document.

Ultramind : Le guide du débutant en perception extrasensorielle avec la méthode Silva

Première édition.

TABLE DES MATIÈRES

INTRODUCTION

QU'EST-CE QUE LA MÉTHODE SILVA ?

La méthode Silva est un moyen incroyablement efficace de libérer le **potentiel caché** de votre esprit. Créée par José Silva dans les années 1960, elle vise à vous aider à prendre le contrôle de vos pensées, à améliorer votre concentration mentale et même à exploiter votre **intuition** et vos **capacités de guérison** . La méthode Silva n'est pas simplement une autre technique de méditation ou d'auto-assistance. Elle va beaucoup plus loin, en utilisant des outils spécifiques pour vous aider à opérer à différents niveaux de votre esprit, en faisant ressortir le meilleur de vous-même, qu'il s'agisse de gérer **le stress** , de développer votre **intuition** ou d'améliorer votre **bien-être général** .

Ce qui est fascinant dans cette méthode, c'est son origine. José Silva n'était ni un psychologue ni un scientifique de formation. Il était un **réparateur d'appareils électroniques** du Texas qui s'intéressait énormément au **cerveau humain** . Dans les années 1940, Silva a commencé à étudier le fonctionnement du cerveau et il n'a pu s'empêcher de voir des liens entre le fonctionnement des systèmes électriques et celui du cerveau lui-même. Sa curiosité l'a conduit à se plonger dans **la psychologie** , en particulier dans l'idée que la plupart des gens n'utilisent qu'une petite partie du véritable potentiel de leur cerveau. Silva pensait que si nous pouvions apprendre à accéder à davantage de nos **capacités mentales** , nous pourrions changer nos vies de manière extraordinaire.

Tout a commencé à la maison. José Silva a commencé à expérimenter ces idées avec ses enfants, en leur enseignant des moyens d'entrer dans l' **état d'ondes cérébrales Alpha** , cet état de relaxation et de méditation dans lequel votre cerveau glisse naturellement lorsque vous rêvez ou juste avant de vous endormir. Les résultats ont été stupéfiants. **Les capacités d'apprentissage de ses enfants** se sont améliorées et ils ont fait preuve d'une plus grande **concentration** et d'une plus grande **clarté mentale** . C'était la percée que Silva recherchait, et il savait qu'il tenait quelque chose de spécial.

Au fil de ses recherches, Silva a peaufiné ses techniques, en combinant **la visualisation** , **la méditation** et des exercices mentaux spécifiques pour aider les gens à atteindre délibérément l'état Alpha. Selon Silva, cet état ne se résume pas à **la relaxation** : il s'agit d'être dans un état de **conscience accru** où l'on peut reprogrammer son esprit pour obtenir de meilleurs résultats dans la vie. Qu'il s'agisse de trouver des solutions à des problèmes, de puiser dans son **intuition** ou même de se guérir mentalement et physiquement, l'état Alpha est devenu une passerelle vers une véritable transformation. L'approche de Silva s'est avérée si efficace que, dans les années 1960, la méthode Silva s'est répandue au-delà de sa ville natale de **Laredo, au Texas** , et a commencé à attirer l'attention du monde entier.

UNE BRÈVE HISTOIRE DE LA MÉTHODE SILVA

Le cheminement de José Silva pour développer cette méthode révolutionnaire n'a pas été celui que la plupart des gens auraient imaginé. En tant que **technicien en électronique** , il était plus familier avec la réparation de radios qu'avec l'étude de l'esprit humain. Mais sa curiosité naturelle l'a conduit à commencer à lire des livres sur **la psychologie** et le fonctionnement du cerveau. Il a commencé à se demander s'il existait un moyen d'améliorer la façon dont les gens apprennent, pensent et résolvent les problèmes en appliquant des principes similaires à ceux qu'il connaissait en travaillant avec l'électronique.

Les premières expériences de Silva se concentraient sur ses enfants. Au départ, il ne cherchait pas à créer une méthode miracle, il voulait simplement voir s'il pouvait les aider à mieux réussir à l'école en augmentant leur **QI** et **leur mémoire** . À force d'essais et d'erreurs, il a découvert que lorsqu'ils étaient dans l'état d'ondes cérébrales Alpha, ils obtenaient de meilleurs résultats aux tests, résolvaient les problèmes plus rapidement et mémorisaient plus d'informations. C'est à ce moment-là qu'il a compris qu'il ne s'agissait pas seulement d'apprendre, mais d'accéder à une partie plus profonde de l'esprit que la plupart des gens n'utilisent pas.

Au fil de ses recherches, Silva a compris que l'état Alpha n'était qu'un début. En enseignant aux gens comment contrôler leur esprit dans cet état de relaxation, il a découvert qu'ils pouvaient s'améliorer dans presque tous les domaines de la vie. Ils pouvaient réduire leur stress, penser de manière plus créative et même accéder à leur **intuition** , ce sentiment viscéral que nous avons tous mais auquel nous faisons rarement confiance. Silva a fini par développer un système complet d'entraînement mental qui pouvait être appliqué à un large éventail d'objectifs, de la réussite professionnelle à l'amélioration de la santé ou à la recherche de la paix intérieure.

POURQUOI LA MÉTHODE SILVA EST IMPORTANTE AUJOURD'HUI

La raison pour laquelle la méthode Silva est restée si populaire au fil des ans est qu'elle repose sur un principe auquel nous pouvons tous nous identifier : le désir de vivre mieux, de penser plus clairement et de gérer le chaos de la vie plus efficacement. Dans le monde d'aujourd'hui, où **le stress** est à son comble et où beaucoup d'entre nous se sentent déconnectés de leur véritable moi, les techniques de Silva offrent un moyen de ralentir et de se reconnecter à notre **potentiel intérieur** .

L'un des principaux objectifs de la méthode Silva est **le développement de l'esprit** . Cela signifie vous aider à apprendre à **contrôler** vos pensées, à changer votre **concentration** et à entrer dans un espace mental où vous pouvez penser plus clairement et prendre de meilleures décisions. Il s'agit également d' **intuition** : Silva croyait fermement que nous pouvons tous puiser dans notre subconscient et l'utiliser pour nous guider, que ce soit pour prendre une décision difficile ou pour détecter des opportunités qui ne sont peut-être pas évidentes.

Au-delà de la clarté mentale et de l'intuition, la méthode Silva vise également à **guérir** , tant mentalement que physiquement. Silva a découvert qu'en utilisant des techniques de visualisation, les gens pouvaient non seulement améliorer leur état mental, mais aussi accélérer le processus de guérison de leur corps. De nombreux praticiens de la méthode Silva ont signalé des améliorations dans des conditions allant de **la douleur chronique** aux **maladies liées au stress** après avoir pratiqué ces techniques régulièrement.

TRANSFORMATION DE LA VIE RÉELLE

Pour bien comprendre le pouvoir de la méthode Silva, prenons un exemple concret. **Jessica** , une professionnelle de 35 ans, souffrait de stress chronique et d'épuisement professionnel. Elle avait tout essayé, de la thérapie aux médicaments, mais rien ne semblait l'aider à se sentir vraiment en paix. Lorsqu'on lui a présenté la méthode Silva, elle était d'abord sceptique. Mais après seulement quelques séances pour apprendre à accéder à l'état Alpha et pratiquer quotidiennement **la visualisation** et **la méditation** , elle a remarqué un changement radical.

Jessica a décrit cela comme « avoir enfin trouvé le moyen d'arrêter de penser ». Elle a calmé ses pensées, a abordé son travail avec un sens de concentration renouvelé et a même commencé à mieux dormir. Au fil du temps, le stress qui lui semblait autrefois accablant est devenu gérable et elle a attribué à la méthode Silva le mérite de lui avoir donné les outils pour le gérer.

L'histoire de Jessica n'est qu'une parmi tant d'autres, mais elle met en évidence ce qui rend cette méthode si spéciale : elle est pratique, efficace et fonctionne pour quiconque est prêt à s'y engager. En apprenant à contrôler les états naturels de votre cerveau, vous pouvez débloquer des niveaux de **puissance mentale** que vous ne saviez même pas que vous possédiez et les appliquer à n'importe quel aspect de votre vie, du travail aux relations personnelles.

En conclusion, la méthode Silva ne se résume pas à la relaxation ou au soulagement du stress : c'est un **outil qui change la vie** et vous permet d'exploiter toute la puissance de votre esprit. Que vous cherchiez à réduire votre stress, à stimuler votre intuition ou à atteindre un objectif de vie important, les techniques développées par José Silva peuvent vous aider à exploiter des capacités dont vous n'avez peut-être même pas conscience. Grâce au pouvoir de **la méditation** , **de la visualisation** et d'une connexion plus profonde avec votre subconscient, vous pouvez accéder à de nouveaux niveaux de croissance personnelle et de réussite.

LES OBJECTIFS DE LA MÉTHODE SILVA : DÉVELOPPEMENT DE L'ESPRIT, GESTION DU STRESS, INTUITION ET GUÉRISON

La méthode Silva est avant tout axée sur **le développement de l'esprit** , mais elle ne s'arrête pas là. Elle se concentre également sur l'amélioration des domaines de la vie qui sont souvent liés au bien-être mental, comme **la gestion du stress** , le développement de l' **intuition** et même la facilitation **de la guérison** au niveau mental et physique. Chacun de ces objectifs est interconnecté, ce qui signifie qu'en renforçant un domaine, vous améliorez naturellement les autres.

Commençons par **le développement de l'esprit** . Beaucoup de gens pensent qu'il s'agit simplement d'aiguiser leurs capacités cognitives ou de devenir plus productif, mais la méthode Silva va plus loin. Elle vous apprend à accéder à l' **état Alpha** , un état de conscience détendu où votre esprit est plus réceptif, créatif et efficace. Cela vous permet de sortir des sentiers battus, de résoudre les problèmes plus facilement et d'aborder les défis avec **plus de clarté** . Il ne s'agit pas seulement d'en faire plus, mais de faire mieux, avec moins de tension mentale. En entraînant votre esprit à fonctionner à ce niveau, vous êtes en mesure de débloquer des capacités mentales qui vont au-delà de ce que nous expérimentons normalement dans la vie de tous les jours.

Ensuite, il y a **la gestion du stress** , quelque chose dont nous pourrions tous avoir davantage besoin dans le monde trépidant d'aujourd'hui. Silva a reconnu que les pressions constantes de la vie moderne nous laissent coincés dans un état de vigilance accru, ce qu'il a appelé l' **état bêta** , où nous sommes toujours concentrés, toujours concentrés et souvent **toujours stressés** . La méthode Silva fournit une feuille de route pour calmer l'esprit en apprenant à passer à l' **état alpha** , où le stress disparaît naturellement. Vous n'échappez pas seulement temporairement au stress ; vous réentraînez votre cerveau à gérer le stress plus efficacement en cultivant **la paix intérieure** . Silva a souvent dit que lorsque nous contrôlons notre stress, nous pouvons prendre le contrôle d'autres aspects de notre vie : notre santé, nos relations et notre bien-être émotionnel.

Parlons maintenant de **l'intuition** . Nous en avons tous, mais beaucoup d'entre nous n'y font pas confiance ou ne la reconnaissent même pas. Silva croyait qu'en entraînant l'esprit à fonctionner à des niveaux plus profonds, on pouvait renforcer son intuition, cette boussole intérieure qui nous guide dans la vie. La méthode Silva vous aide à accéder à cette connaissance intuitive et **à lui faire confiance** , qu'il s'agisse de prendre des décisions, de détecter un danger ou de reconnaître des opportunités qui pourraient autrement passer inaperçues. C'est un outil que vous pouvez utiliser aussi bien dans votre vie personnelle que dans votre carrière professionnelle. De nombreux praticiens rapportent qu'après avoir utilisé la méthode Silva, ils sont plus aptes à **lire les gens** , à sentir quand les choses vont bien ou mal et à faire plus souvent confiance à leur instinct.

Enfin, la méthode Silva favorise **la guérison** . C'est là que cela devient vraiment intéressant. Silva a découvert que grâce à **la visualisation guidée** et **aux techniques mentales** , les gens pouvaient non seulement réduire le stress, mais aussi accélérer les processus naturels de guérison du corps. En entrant dans l'état Alpha et en visualisant le résultat souhaité, qu'il s'agisse de guérir d'une maladie, de se remettre d'une blessure ou de surmonter un blocage mental, vous pouvez influencer votre bien-être physique.

Les praticiens Silva parlent souvent de la façon dont ils ont pu soulager la douleur chronique, réduire les symptômes de la maladie et même accélérer la récupération après une intervention chirurgicale en utilisant ces techniques. Bien que le lien entre l'esprit et le corps puisse sembler abstrait, les techniques de Silva en font une expérience pratique et tangible pour quiconque souhaite la pratiquer.

POURQUOI CE LIVRE ?

Avant de nous plonger dans les techniques, parlons des raisons pour lesquelles cette méthode a été si transformatrice pour tant de personnes, y compris moi-même. Apprendre la méthode Silva n'a pas seulement été une expérience révélatrice pour moi ; cela a **changé ma vie** . Comme beaucoup de gens, j'ai lutté contre le stress, le doute et un manque de clarté sur la direction que je prenais dans la vie. Je pensais toujours trop, mais jamais aux bonnes choses. Puis, j'ai découvert la méthode Silva, et c'était comme si quelqu'un m'avait donné une clé pour déverrouiller des parties de mon esprit dont je ne savais même pas qu'elles existaient.

La première fois que j'ai pratiqué les techniques Silva, j'ai été choqué de constater à quelle vitesse je me suis senti **plus calme** et plus **concentré** . J'ai pu ralentir mes pensées et accéder à un niveau de **conscience plus profond** . Avec le temps, j'ai remarqué que je n'étais pas seulement plus calme : je prenais de meilleures décisions, je faisais davantage confiance à mon instinct et je me sentais plus maître de ma vie. Je me suis retrouvé à résoudre des problèmes de manière plus créative au travail, à gérer des conflits personnels avec plus **de patience** et même à améliorer ma santé. Il est devenu évident que la méthode Silva n'était pas seulement un outil de relaxation ; c'était un **système complet** de maîtrise mentale.

C'est pourquoi je partage cela avec vous. Je crois que tout le monde peut bénéficier de l'apprentissage de la façon de libérer tout le potentiel de son esprit. Les techniques que vous êtes sur le point d'apprendre ont aidé d'innombrables personnes, de tous horizons, à trouver un meilleur **équilibre** , à améliorer leur **santé** et à développer leur **intuition** . Que vous luttiez contre le stress, que vous essayiez d'atteindre un objectif spécifique ou que vous souhaitiez simplement vous sentir plus connecté à votre **moi intérieur** , ces méthodes peuvent vous aider.

Témoignage : Une vie transformée par la méthode Silva

Permettez-moi de vous présenter **Mark** , un ingénieur de 42 ans qui pensait avoir tout compris, jusqu'à ce que la vie lui réserve un coup dur. Mark s'est toujours vanté d'être un penseur rationnel et logique. Il n'a jamais cru à l'intuition ni à l'idée que l'on puisse « entraîner » son esprit à mieux performer. Mais après avoir connu une série de revers dans sa carrière et sa vie personnelle, il s'est senti coincé et **dépassé** . Le stress constant et la pression de devoir régler les choses par lui-même ont eu des répercussions sur sa santé mentale et il a commencé à avoir l'impression de perdre le contrôle.

C'est alors qu'un ami lui a recommandé la méthode Silva. Sceptique au début, Mark a décidé de l'essayer. Les premières séances ont été difficiles : il avait du mal à détendre son esprit et à accéder à l'**état Alpha** . Mais après quelques semaines de pratique, quelque chose a fait tilt. Mark a commencé à se sentir plus en phase avec ses pensées et ses émotions, et il a ressenti un sentiment de **calme** qu'il n'avait pas ressenti depuis des années. « C'était comme si mon cerveau avait enfin de la place pour respirer », a déclaré Mark.

Au fil de ses efforts, Mark a commencé à utiliser ces techniques non seulement pour **se détendre** , mais aussi pour résoudre des problèmes et faire appel à son intuition. Il a constaté qu'il prenait de meilleures décisions au travail et que ses relations s'amélioraient également. L'une des plus grandes surprises de Mark a eu lieu lorsqu'il a commencé à utiliser des techniques de visualisation pour soigner une ancienne **blessure à l'épaule** . Après des semaines de méditation et de visualisation de la guérison de son épaule, la douleur a considérablement diminué et il a pu reprendre ses activités quotidiennes sans ressentir d'inconfort.

L'histoire de Mark n'est qu'un exemple parmi tant d'autres de la façon dont la méthode Silva peut transformer des vies. En apprenant à exploiter le pouvoir de votre esprit, vous pouvez non seulement améliorer votre **état mental** , mais aussi avoir un effet positif sur votre santé physique et votre qualité de vie en général. Qu'il s'agisse de réduire le stress, de guérir ou simplement de vous sentir plus connecté à vous-même, les possibilités sont infinies.

Ce n'est là que le début de ce que la méthode Silva peut vous offrir. Au fur et à mesure que vous progresserez et en apprendrez davantage sur les techniques de ce livre, n'oubliez pas que la clé du succès réside dans votre volonté d'explorer votre esprit. En pratiquant régulièrement et en restant ouvert au processus, vous commencerez à voir des changements non seulement dans votre façon de penser, mais aussi dans la façon dont vous vous sentez, agissez et vivez la vie.

CHAPITRE 1

LE POUVOIR DE L'ESPRIT

COMPRENDRE LES ONDES CÉRÉBRALES

Avant de nous plonger plus en détail dans le fonctionnement de la méthode Silva, il est important de comprendre le rôle que jouent **les ondes cérébrales** dans vos états mentaux et émotionnels. Les ondes cérébrales sont essentiellement l'activité électrique de votre cerveau et elles varient en fonction de ce que vous faites et de ce que vous ressentez. Ces différents états d'ondes cérébrales ont un impact sur votre capacité à penser, à résoudre des problèmes, à gérer le stress et même à guérir votre corps. En comprenant les ondes cérébrales, vous pouvez commencer à apprécier la puissance de votre esprit et la façon dont la méthode Silva vous aide à exploiter ce pouvoir.

Il existe quatre états cérébraux principaux : **bêta** , **alpha** , **thêta** et **delta** . Chacun d'entre eux remplit une fonction différente, et apprendre à naviguer entre eux peut transformer votre façon de vivre.

Commençons par **l'état bêta** , l'état cérébral dans lequel la plupart d'entre nous se trouvent pendant la majeure partie de nos heures d'éveil. Lorsque vous vous concentrez sur une tâche, sur un travail ou sur la résolution d'un problème, votre cerveau est en **bêta** . C'est un état d'esprit rapide et actif dans lequel vous êtes alerte et prêt à réagir. Mais si l'état bêta est idéal pour accomplir les tâches, c'est aussi là que résident **le stress** et **l'anxiété** . Si vous êtes toujours en bêta, vous pouvez vous sentir dépassé, anxieux et épuisé mentalement. C'est pourquoi tant de personnes se sentent **épuisées** : leur esprit est bloqué en bêta, tourne constamment sans jamais ralentir.

Ensuite, il y a l' état **Alpha** , dont nous avons déjà parlé un peu. **L'état Alpha** est un état cérébral plus détendu où la créativité, l'intuition et la résolution de problèmes s'épanouissent. C'est l'état dans lequel vous entrez naturellement lorsque vous rêvez ou que vous vous détendez, mais avec la méthode Silva, vous apprenez à accéder à cet état à volonté. Dans l'état Alpha, votre esprit est clair, concentré et plus réceptif aux **pensées positives** et **à la guérison** . C'est comme appuyer sur le bouton de réinitialisation de votre cerveau : soudain, tout semble plus calme et les solutions aux problèmes semblent surgir de nulle part.

En allant plus loin, nous atteignons l' état des ondes cérébrales **Thêta** . Thêta est encore plus lent qu'Alpha et est souvent associé à **une relaxation profonde** , **à la méditation** et même **au sommeil** . C'est là que votre subconscient devient plus accessible et que la barrière entre vos pensées conscientes et subconscientes commence à s'estomper. Dans la méthode Silva, entrer dans l'état Thêta peut vous aider à surmonter des blocages émotionnels profondément ancrés, à découvrir des idées créatives et à améliorer votre capacité à **visualiser** vos objectifs. C'est un état dans lequel une croissance mentale et spirituelle profonde peut se produire.

Enfin, il y a **le Delta** , l'état d'ondes cérébrales le plus lent, qui se produit pendant **le sommeil profond** . Dans le Delta, votre corps se concentre sur la guérison et la régénération, à la fois physique et mentale. Bien que la méthode Silva ne vous enseigne pas à fonctionner consciemment dans le Delta, il est néanmoins important de reconnaître son rôle dans la santé globale. Un sommeil et un repos appropriés permettent à votre esprit de traiter tout ce que vous avez vécu et appris, ce qui rend le Delta essentiel au maintien de la clarté mentale et de l'équilibre émotionnel.

COMMENT LA MÉTHODE SILVA UTILISE LES ONDES CÉRÉBRALES

L'une des principales raisons pour lesquelles la méthode Silva est si efficace est qu'elle vous aide à passer délibérément d'un état d'ondes cérébrales à un autre. En entraînant votre esprit à passer de l'état bêta à l' **état alpha** et parfois même à **l'état thêta** , vous êtes en mesure de **contrôler votre état mental** plus efficacement. Pensez-y comme à l'apprentissage de la conduite d'une voiture. Au début, changer de vitesse semble compliqué, mais une fois que vous avez suffisamment pratiqué, cela devient une seconde nature. Il en va de même pour la gestion de vos états d'ondes cérébrales.

Lorsque vous êtes bloqué en **bêta** , par exemple, vous pouvez vous sentir stressé, anxieux ou bloqué. Mais en utilisant des techniques Silva comme **la relaxation guidée** et **la visualisation** , vous pouvez rapidement passer en **alpha,** où votre esprit est plus clair et plus ouvert aux nouvelles idées. À partir de là, vous pouvez choisir de plonger plus profondément dans **le thêta** , où votre subconscient prend le relais, vous aidant à découvrir des idées et des solutions plus profondes.

Comprendre les ondes cérébrales vous donne la **liberté** d'utiliser votre esprit plus efficacement. Au lieu d'être victime de vos pensées et de vos émotions, vous pouvez apprendre à guider votre état mental de la manière qui vous convient le mieux. Que vous ayez besoin de vous calmer après une longue journée, d'accéder à une inspiration créative ou de guérir d'une douleur émotionnelle ou physique, savoir comment travailler avec vos ondes cérébrales change la donne.

Avez-vous déjà réfléchi à la puissance de votre esprit ? La plupart d'entre nous n'y prêtent pas vraiment attention. Nous nous réveillons, suivons les routines de notre quotidien et relevons les défis au fur et à mesure qu'ils se présentent. Mais que diriez-vous si je vous disais que votre esprit peut **façonner votre réalité** , qu'il est capable de bien plus que vous ne le pensez ? Dans ce chapitre, nous explorerons le potentiel inexploité de l'esprit humain et comment la méthode Silva peut vous aider à y accéder.

L'idée que notre esprit peut influencer notre réalité n'est pas nouvelle. C'est un fait reconnu par les cultures anciennes et la science moderne. Des **pratiques de méditation** en Orient aux **neurosciences** en Occident, nous avons toujours su, à un certain niveau, que notre esprit a une influence incroyable sur nos vies.

Mais le problème est que la plupart d'entre nous ne savent pas comment exploiter ce pouvoir. Notre esprit est rempli de bruit – pensées, soucis et distractions constants – et cela nous empêche d'exploiter nos véritables capacités mentales. C'est là qu'intervient la méthode Silva.

LE POTENTIEL INEXPLOITÉ DE L'ESPRIT HUMAIN

Pensez à votre esprit comme à un **superordinateur** . La plupart du temps, nous n'utilisons qu'une infime partie de ses capacités, et le reste reste dormant, attendant d'être activé. Vous avez probablement entendu le mythe selon lequel les humains n'utilisent que 10 % de leur cerveau. Bien que cela ait été démystifié, la vérité est que la plupart d'entre nous n'utilisent pas notre esprit aussi **efficacement** qu'ils le pourraient. Nous nous enlisons dans des habitudes, tombons dans des schémas de **pensée négative** et laissons le stress prendre le dessus. Tout cela limite ce que nous pouvons accomplir.

Et si vous pouviez apprendre à **libérer** davantage le potentiel de votre esprit ? C'est exactement ce que la méthode Silva vise à faire. En vous apprenant à entrer dans différents états d'esprit, comme l' **état Alpha** , et à utiliser des techniques comme **la visualisation** et **l'affirmation** , la méthode vous permet d'accéder à des niveaux de conscience plus profonds où votre esprit est plus puissant et plus efficace. C'est là que la véritable transformation se produit, où vous pouvez changer votre façon de penser, de ressentir et, en fin de compte, votre façon de vivre.

L'un des aspects les plus fascinants de la méthode Silva est son approche axée sur l'accès au **subconscient** . La plupart d'entre nous connaissent notre esprit conscient : c'est là que nous réfléchissons, prenons des décisions et réagissons au monde qui nous entoure. Mais le subconscient est une couche de conscience beaucoup plus profonde qui contrôle tout, de nos **habitudes** à nos **croyances** et même nos **fonctions corporelles automatiques** . Lorsque vous apprenez à travailler avec votre subconscient, vous pouvez le reprogrammer pour qu'il travaille en votre faveur, vous aidant ainsi à atteindre vos objectifs plus facilement.

COMMENT LA MÉTHODE SILVA FONCTIONNE AVEC LES ÉTATS NATURELS DU CERVEAU

Le cerveau fonctionne à différentes **fréquences** , ou états d'ondes cérébrales, selon ce que vous faites. Lorsque vous êtes éveillé et alerte, votre cerveau est dans l' **état bêta** , qui est associé à la pensée active, à la résolution de problèmes et à la concentration. Mais c'est aussi l'état dans lequel le stress et l'anxiété peuvent facilement s'installer, ce qui rend difficile l'accès à vos capacités mentales les plus profondes.

La méthode Silva vous apprend à passer consciemment à l' **état Alpha** , une fréquence cérébrale inférieure associée à la relaxation, à la créativité et à une conscience accrue. Lorsque vous êtes en Alpha, votre esprit est plus ouvert et réceptif. Vous êtes capable de penser plus clairement, de résoudre les problèmes de manière plus créative et d'accéder plus facilement à votre **intuition** . C'est également l'état dans lequel votre subconscient devient plus accessible, vous permettant de le reprogrammer avec des pensées et des croyances positives.

Pour atteindre l'état Alpha, la méthode Silva utilise une combinaison de **techniques de relaxation** et **d'exercices mentaux** . Ces derniers sont conçus pour vous aider à calmer votre esprit, à vous débarrasser des distractions et à vous concentrer sur vos objectifs. Une fois que vous avez appris à entrer dans cet état à volonté, vous pouvez l'utiliser pour atteindre un large éventail d'objectifs, qu'il s'agisse de réduire le stress, d'améliorer votre santé ou même de développer **des capacités psychiques** comme la perception extrasensorielle (**ESP**).

L'ÉTAT ALPHA : VOTRE PASSERELLE VERS LA TRANSFORMATION PERSONNELLE

Examinons de plus près l' **état Alpha** et pourquoi il est si puissant. Lorsque votre cerveau est en Alpha, vous êtes dans un état **méditatif léger** . Vous êtes calme mais pas somnolent. Vos pensées ralentissent et vous commencez à vous sentir plus **présent** et conscient. C'est l'état parfait pour **la résolution créative de problèmes** , la visualisation et la définition d'objectifs, car votre esprit est plus flexible et ouvert aux nouvelles idées.

L'avantage de l'état Alpha est qu'il vous permet de contourner l' **esprit critique** , cette partie de votre cerveau qui doute, analyse et vous retient parfois en permanence. Au lieu de cela, vous pouvez accéder à un niveau plus profond d' **intuition** et **de créativité** .

C'est pourquoi les artistes, les musiciens et même les athlètes parlent souvent d'être « dans la zone » : ils fonctionnent naturellement au niveau Alpha, où ils peuvent donner le meilleur d'eux-mêmes sans se laisser abattre par une réflexion excessive.

L'un des principaux outils que vous utiliserez dans la méthode Silva est **la visualisation** . Cela consiste à créer une image mentale de ce que vous souhaitez accomplir et à la conserver dans votre esprit pendant que vous êtes dans l'état Alpha. L'idée est qu'en imaginant de manière vivante vos objectifs, vous envoyez un message clair à votre subconscient, qui travaille ensuite à concrétiser ces objectifs. Que vous souhaitiez améliorer votre santé, booster votre carrière ou même attirer des relations plus positives, la visualisation dans l'état Alpha peut vous aider à y parvenir.

TÉMOIGNAGE : LIBÉRER DES CAPACITÉS CACHÉES

Pour illustrer l'efficacité de ce processus, je vais vous raconter l'histoire de **Sara** , une graphiste de 28 ans qui se sentait coincée dans sa carrière. Malgré tous ses efforts, elle n'arrivait pas à avancer. Elle était constamment stressée, doutait d'elle-même et avait du mal à trouver des idées créatives. Elle savait qu'elle avait du potentiel, mais elle n'arrivait pas à l'exploiter.

Après qu'une amie lui ait présenté la méthode Silva, Sara a décidé de l'essayer. Au début, elle était sceptique. Une chose aussi simple que **la visualisation** et l'apprentissage de la relaxation pouvaient-elles changer sa vie ? Mais après avoir pratiqué ces techniques pendant quelques semaines, elle a commencé à remarquer des changements subtils. Elle se sentait plus détendue, son esprit ne s'emballait plus autant et elle a commencé à avoir des éclairs d'inspiration créative au travail.

Le véritable tournant s'est produit lorsqu'elle a appris à **visualiser** sa carrière idéale alors qu'elle était dans l'état Alpha. Elle a commencé à s'imaginer comme une designer à succès et confiante, travaillant sur des projets de grande envergure avec des clients qui appréciaient sa créativité. Plus elle visualisait ce résultat, plus son subconscient commençait à s'aligner sur cette vision. En quelques mois, Sara a constaté qu'elle était davantage reconnue au travail, qu'elle attirait des clients plus importants et qu'elle avait davantage **confiance** en ses capacités. Elle attribue à la méthode Silva le mérite de l'avoir aidée à libérer le **potentiel caché** qui était toujours là mais qui avait été bloqué par le stress et le doute de soi.

En apprenant à accéder à l'état Alpha et à l'utiliser efficacement, vous pouvez commencer à changer votre vie d'une manière que vous n'auriez jamais cru possible. La méthode Silva vous donne les outils pour **exploiter le pouvoir de votre esprit** , vous permettant non seulement d'améliorer votre bien-être mental, mais aussi de manifester vos désirs les plus profonds. Qu'il s'agisse de surmonter des obstacles, d'atteindre vos objectifs ou simplement de trouver plus de paix dans votre vie quotidienne, l'état Alpha est votre porte d'entrée vers une véritable transformation personnelle. Et le meilleur dans tout ça ? C'est quelque chose que vous pouvez apprendre à faire à tout moment, n'importe où, une fois que vous avez maîtrisé les techniques.

Maintenant que nous avons posé les bases de la compréhension des ondes cérébrales et du potentiel de l'esprit humain, passons à un aspect clé de la méthode Silva : **l'état Alpha** . C'est là que la vraie magie se produit, pour ainsi dire. L'état Alpha est la porte d'entrée vers tout ce que la méthode Silva peut vous aider à accomplir. Du développement **des capacités psychiques** à l'amélioration de vos **capacités de résolution de problèmes** , la maîtrise de cet état mental est essentielle.

L'ÉTAT ALPHA : VOTRE PASSERELLE VERS UNE CONSCIENCE ÉLARGIE

L' **état Alpha** est bien plus qu'une simple onde cérébrale détendue : c'est le point idéal où votre **esprit conscient** et **votre subconscient** se rencontrent. Lorsque vous êtes dans cet état, votre cerveau fonctionne à une fréquence d'environ **8 à 13 cycles par seconde** , ce qui est plus lent que l' **état bêta plus rapide** dans lequel vous vous trouvez normalement pendant vos activités quotidiennes. Cette fréquence plus lente permet **une créativité** et **une intuition accrues** et, surtout, la capacité à **visualiser** vos objectifs de manière claire et **efficace** .

Pour mieux comprendre comment fonctionne l'état Alpha, pensez aux moments où vous commencez à vous réveiller le matin ou à vous endormir le soir. Ces moments où vous êtes détendu, où vos pensées sont claires et où votre esprit semble vagabonder sans effort, c'est l'état Alpha. Mais voici le hic : vous pouvez apprendre à entrer dans cet état **à volonté** , même au milieu d'une journée chargée, et l'utiliser à votre avantage. C'est l'une des compétences essentielles enseignées par la méthode Silva.

Lorsque vous êtes dans l'état Alpha, votre cerveau est plus **réceptif** aux **suggestions** et aux idées nouvelles, ce qui en fait le moment idéal pour utiliser **des affirmations positives** ou travailler à la reprogrammation de votre **subconscient** . Vous pouvez également accéder à des niveaux plus profonds de **perspicacité** et **d'intuition** , ce qui peut être incroyablement utile lorsque vous essayez de prendre des décisions importantes ou de résoudre des problèmes complexes.

VISUALISATION ET DÉFINITION D'OBJECTIFS DANS L'ÉTAT ALPHA

L'un des outils les plus puissants de la méthode Silva est **la visualisation** , c'est-à-dire l'acte de créer une image mentale de ce que vous souhaitez réaliser ou expérimenter. Lorsque vous combinez la visualisation avec l'état Alpha, vous créez une **ligne directe** avec votre subconscient, qui est responsable de la formation d'une grande partie de votre réalité. En gardant une **image claire et vivante** de vos objectifs pendant que vous êtes dans l'état Alpha, vous envoyez un signal fort à votre subconscient pour qu'il commence à travailler à la concrétisation de ces objectifs.

Par exemple, imaginons que vous souhaitiez améliorer votre santé. Une fois que vous êtes entré dans l'état Alpha grâce à un exercice de relaxation Silva, vous pouvez commencer à vous visualiser en bonne santé, plein d'énergie et de vitalité. Imaginez-vous en train de courir, de vous sentir fort ou de savourer un repas sain. Plus votre visualisation **est détaillée** et **chargée d'émotions** , plus elle devient puissante. Au fil du temps, cette pratique aide votre subconscient à s'aligner sur cette vision, ce qui vous permet de prendre plus facilement les mesures nécessaires pour améliorer votre santé.

Il en va de même pour tout autre domaine de votre vie : que vous souhaitiez réussir dans votre carrière, améliorer vos relations ou développer **des capacités psychiques** comme **la perception extrasensorielle** , la visualisation dans l'état Alpha peut vous aider à y parvenir. Il s'agit d' entraîner votre esprit à se concentrer sur ce que vous voulez plutôt que sur ce que vous ne voulez pas.

TÉMOIGNAGE : MANIFESTER LA RÉUSSITE PROFESSIONNELLE GRÂCE À LA VISUALISATION

Parlons de **Mike** , un jeune entrepreneur qui a utilisé la méthode Silva pour redresser son entreprise en difficulté. Mike a toujours été passionné par son travail, mais après quelques années, les choses ne se passaient pas comme il l'espérait. Il était constamment stressé par l'argent, sa clientèle diminuait et il se sentait de plus en plus **découragé** . Il avait entendu parler du pouvoir de **la**

visualisation , mais ne croyait pas que cela pouvait faire une différence dans sa situation.

Il a néanmoins décidé d'essayer la méthode Silva. Il a commencé par de simples exercices de relaxation pour entrer dans l' **état Alpha,** et une fois qu'il y était, il a commencé à visualiser son entreprise en plein essor. Il s'est imaginé rencontrer de nouveaux clients, conclure de grosses affaires et même voir son compte en banque augmenter. Il n'y pensait pas seulement : il **ressentait** l'excitation de ces expériences comme si elles se déroulaient en temps réel. L'essentiel était de rendre la visualisation aussi **réelle** que possible dans son esprit.

En quelques mois seulement, les choses ont commencé à changer. Mike a commencé à attirer de nouveaux clients et les opportunités ont surgi de nulle part. Il avait davantage confiance en son travail et son entreprise a commencé à se développer d'une manière qu'il n'aurait jamais cru possible auparavant. Selon Mike, le **changement mental** qu'il a vécu grâce à la méthode Silva a été le catalyseur qui l'a aidé à redresser son entreprise.

LA SCIENCE DERRIÈRE LA VISUALISATION ET LE SUBCONSCIENT

À ce stade, vous vous demandez peut-être : « Comment cela fonctionne-t-il ? » Est-ce que tout cela n'est qu'un vœu pieux ou est-ce qu'il y a une certaine **science** derrière tout cela ? Eh bien, il s'avère qu'il existe une base solide sur la façon dont **la**

visualisation et le travail avec votre **subconscient** peuvent conduire à des résultats concrets.

Le cerveau humain est un organe incroyablement complexe, mais il est conçu pour une seule chose : **traiter l'information** . Votre cerveau ne fait pas vraiment la différence entre les expériences **réelles** et **imaginaires** . C'est pourquoi **la répétition mentale** est un outil si puissant pour les athlètes, les artistes et les personnes très performantes. Lorsque vous visualisez quelque chose, votre cerveau active les mêmes **voies neuronales** que si vous viviez l'événement. En substance, vous **entraînez** votre cerveau à croire que ce que vous visualisez est possible. Une fois que votre cerveau y croit, vos actions et vos comportements commencent à s'aligner sur cette croyance.

Le **subconscient** , que nous avons évoqué plus tôt, joue un rôle essentiel dans ce processus. Il est responsable de la régulation de vos **croyances** , **de vos habitudes** et même de votre **perception** du monde qui vous entoure. Lorsque vous visualisez à plusieurs reprises un résultat spécifique pendant que vous êtes dans l'état Alpha, vous **reprogrammez effectivement** votre subconscient pour qu'il travaille en votre faveur. C'est pourquoi la visualisation dans l'état Alpha est bien plus efficace que de simplement penser à vos objectifs de manière aléatoire tout au long de la journée.

<u>TÉMOIGNAGE : REPROGRAMMER LES CROYANCES</u>
<u>NÉGATIVES</u>

Prenons le cas de **Linda** , une enseignante qui a souffert d'un manque d'estime de soi pendant la majeure partie de sa vie. Peu importe le nombre de réalisations qu'elle a accomplies, elle avait toujours le sentiment de ne pas être à la hauteur. Ces croyances négatives l'empêchaient de poursuivre ses rêves, qu'il s'agisse de progresser dans sa carrière ou de nouer de meilleures relations.

Après avoir découvert la méthode Silva, Linda a commencé à travailler sur **la reprogrammation** de ses croyances subconscientes. Elle entrait dans l'état Alpha tous les matins et se visualisait comme confiante, accomplie et **digne** . Elle s'imaginait debout devant une salle de classe, parlant avec autorité et étant admirée par ses collègues. Elle ne se contentait pas d'y penser, elle les **ressentait** .

Au fil du temps, Linda a remarqué que son état d'esprit avait changé. Elle est devenue plus confiante au travail, ses relations se sont améliorées et elle a commencé à saisir des opportunités qu'elle pensait autrefois hors de portée. En **réentraînant** son esprit dans l'état Alpha, Linda a pu surmonter les croyances négatives qui l'avaient retenue pendant si longtemps.

La puissance de l' **état Alpha** , combinée aux techniques de **visualisation** et **d'affirmation positive** , fait de la méthode Silva un outil qui change la vie de tous ceux qui cherchent à améliorer leur bien-être mental, émotionnel et même physique.

Que vous soyez confronté au stress, que vous essayiez d'atteindre un objectif majeur ou que vous souhaitiez simplement plus de paix dans votre vie, apprendre à accéder à l'état Alpha et à l'utiliser efficacement peut faire toute la différence. Et le meilleur dans tout ça, c'est qu'avec la pratique, cela devient plus facile et plus naturel, vous permettant d'exploiter **tout le potentiel** de votre esprit.

CHAPITRE 2

VISUALISATION MENTALE

QU'EST-CE QUE LA VISUALISATION MENTALE ?

La visualisation mentale est la capacité de créer des images vives et détaillées dans votre esprit, ce qui vous permet de « voir » mentalement une situation ou un objectif avant même qu'il ne se produise dans la réalité. En termes simples, c'est comme rêver délibérément. Pensez à la dernière fois où vous avez imaginé ce que ce serait d'accomplir quelque chose d'important, peut-être un nouvel emploi, un objectif personnel ou même des vacances. C'est de la visualisation. La principale différence avec **la visualisation mentale** en tant que technique est qu'elle est intentionnelle, structurée et axée sur l'obtention de résultats spécifiques.

De nombreux athlètes, artistes et personnes qui réussissent ont recours à la visualisation mentale pour les aider à atteindre leurs objectifs. Il ne s'agit pas seulement d'un vœu pieux : lorsqu'elle est bien réalisée, la visualisation mentale peut aider à **programmer votre esprit** pour réussir. Vous apprenez à votre cerveau à reconnaître le résultat souhaité afin que, le moment venu, vous soyez mentalement prêt à le réaliser. Considérez cela comme une répétition générale mentale.

Grâce à la méthode Silva, **la visualisation mentale** devient un outil puissant qui peut vous aider non seulement à imaginer vos objectifs, mais aussi à les concrétiser dans votre vie. Lorsque vous visualisez clairement et systématiquement, vous envoyez un message clair à votre **subconscient** sur ce que vous voulez accomplir, et ce subconscient commence à travailler pour en faire une réalité. C'est là que la magie opère.

COMMENT FONCTIONNE LA VISUALISATION AU NIVEAU NEUROLOGIQUE

Pour comprendre comment fonctionne **la visualisation mentale** , il est utile d'observer ce qui se passe dans le cerveau. Lorsque vous visualisez quelque chose, votre cerveau ne fait pas entièrement la distinction entre ce qui est réel et ce qui est imaginé. Les mêmes **voies neuronales** sont activées lorsque vous imaginez une action et lorsque vous l'exécutez.

Par exemple, imaginons que vous vous visualisez en train de prononcer un discours devant un public. Votre cerveau s'illuminera de la même manière que si vous étiez debout sur scène, ressentant le poids du micro dans votre main et entendant les applaudissements du public. C'est ce qu'on appelle **la neuroplasticité** , qui est la capacité du cerveau à se reprogrammer en fonction de pensées, de comportements et d'expériences répétés.

Lorsque vous visualisez quelque chose de manière répétée, qu'il s'agisse d'un objectif, d'une action ou même d'un sentiment, vous renforcez ces voies neuronales. Au fil du temps, cela rend le résultat souhaité plus naturel et réalisable. Le cerveau commence à croire que cet objectif est non seulement possible mais aussi attendu, ce qui augmente la probabilité que vous preniez les mesures nécessaires pour le concrétiser.

Des études ont montré que les personnes qui pratiquent régulièrement **la visualisation mentale** ont de meilleurs résultats que celles qui s'appuient uniquement sur la pratique physique. C'est pourquoi les athlètes répètent souvent mentalement leurs matchs ou leurs compétitions avant de monter sur le terrain. Ils conditionnent leur cerveau à la réussite avant même de commencer.

L' état d'ondes cérébrales Alpha , dont nous avons parlé plus tôt, joue ici un rôle crucial. Lorsque vous entrez dans l'état Alpha grâce à des techniques de relaxation et de méditation, vous vous trouvez dans l'espace mental idéal pour **la visualisation** . Votre cerveau devient plus réceptif et votre subconscient est plus ouvert aux suggestions, ce qui en fait le moment idéal pour visualiser vos objectifs de manière claire et détaillée.

TÉMOIGNAGE : RÉUSSIR SA CARRIÈRE GRÂCE À LA VISUALISATION MENTALE

Parlons de **David** , un entrepreneur à succès qui attribue à la visualisation mentale le mérite de l'avoir aidé à concrétiser ses rêves. Lorsque David a démarré son entreprise, il était plein de doutes. Il savait que les chances de succès dans le monde des startups étaient minces, et il y avait des jours où il n'était pas sûr de pouvoir y arriver. C'est à ce moment-là qu'il a découvert la méthode

Silva et a commencé à utiliser la visualisation mentale pour **changer son état d'esprit** .

Chaque matin, avant de commencer sa journée, David prenait dix minutes pour entrer dans l' **état Alpha** et visualiser son entreprise en plein essor. Il s'imaginait diriger son équipe avec confiance, conclure de gros contrats et voir son entreprise grandir. Il ne se contentait pas de le voir, il le ressentait. Il visualisait l' **excitation** de décrocher son premier gros client, le sentiment d' **accomplissement** lorsque son entreprise atteignait son premier objectif de chiffre d'affaires et même le sentiment de soulagement lorsqu'il surmontait les défis.

En poursuivant cette pratique quotidienne, David a constaté quelque chose d'intéressant. Il a commencé à remarquer des opportunités qu'il n'avait pas vues auparavant. Sa confiance en lui a augmenté et il a pris des décisions avec plus de clarté et de détermination. La visualisation l'a aidé à se sentir mieux **préparé** aux hauts et aux bas de l'entrepreneuriat. Lorsque des défis se sont présentés à lui, il était prêt – il avait déjà visualisé comment les surmonter.

Quelques années plus tard, l'entreprise de David est florissante. Il attribue une grande partie de son succès à la préparation mentale que lui a apportée la visualisation. En « répétant » mentalement son succès chaque jour, il s'est senti plus confiant, a pris des risques plus intelligents et a surmonté les obstacles avec facilité. Ce qui est encore plus puissant, c'est que David continue d'utiliser la visualisation mentale, non seulement pour son entreprise, mais aussi pour d'autres domaines de sa vie. Il l'utilise pour améliorer sa santé, renforcer ses relations et même se fixer de nouveaux objectifs personnels.

L'histoire de David est un parfait exemple de la façon dont **la visualisation mentale** peut changer la donne pour atteindre vos objectifs. En exploitant le pouvoir de votre esprit, vous pouvez **façonner** votre avenir et donner vie à vos rêves, une image claire à la fois.

En maîtrisant **la visualisation mentale** et en comprenant son fonctionnement au **niveau neurologique**, vous pouvez libérer le véritable potentiel de votre esprit et atteindre tous les objectifs que vous vous êtes fixés. Qu'il s'agisse de réussite professionnelle, de croissance personnelle ou même de santé, la visualisation est un outil puissant qui peut vous aider à ouvrir la voie au succès.

TECHNIQUES POUR UNE VISUALISATION EFFICACE

Maintenant que nous comprenons les bases de **la visualisation mentale**, il est temps d'approfondir les techniques spécifiques qui peuvent vous aider à tirer le meilleur parti de votre pratique de la visualisation. Ces techniques sont conçues pour vous aider **à vous concentrer**, **à vous fixer des objectifs** et **à manifester** des résultats dans votre vie personnelle et professionnelle. En utilisant la méthode Silva, ces techniques non seulement aiguisent votre imagerie mentale, mais alignent également votre subconscient avec vos objectifs conscients, vous aidant ainsi **à attirer** la réalité que vous désirez.

Imagerie mentale guidée pour fixer des objectifs et obtenir des résultats

L'une des techniques les plus efficaces de **visualisation mentale** consiste à utiliser **l'imagerie guidée** pour définir des objectifs et obtenir des résultats. L'imagerie mentale guidée ne se limite pas à se représenter quelque chose dans votre esprit : c'est une façon structurée de visualiser qui vous aide à rester concentré et émotionnellement connecté à vos objectifs.

Lorsque vous utilisez **l'imagerie guidée** , vous guidez votre esprit à travers un **processus étape par étape** pour atteindre votre objectif. L'essentiel ici n'est pas seulement de voir le **résultat** , mais aussi de visualiser le **processus** pour y parvenir. Cela permet à votre esprit de rester concentré à la fois sur le **voyage** et sur la **destination** .

Par exemple, si votre objectif est de **faire progresser votre carrière** , l'imagerie mentale guidée consistera non seulement à vous visualiser dans le rôle que vous souhaitez occuper, mais aussi à imaginer les étapes que vous avez franchies pour y parvenir. Imaginez-vous en train de vous préparer à des entretiens, de participer à des réunions fructueuses, de réseauter avec des personnes influentes et de présenter vos idées avec assurance. Cette méthode entraîne votre cerveau à reconnaître et à suivre ces étapes dans la vie réelle, ce qui rend l'objectif plus atteignable.

Pour tirer le meilleur parti de cette technique, il est important d' **entrer d'abord dans l'état Alpha** , dont nous avons parlé dans le chapitre précédent. Une fois que vous êtes dans cet état de relaxation, votre subconscient est plus ouvert aux suggestions et répondra plus efficacement à vos **visualisations** .

EXERCICES DE VISUALISATION

Voyons maintenant quelques **exercices de visualisation spécifiques** que vous pouvez essayer. Ces exercices vous aideront à vous entraîner à visualiser différents domaines de votre vie : votre carrière, votre vie personnelle et votre santé. L'objectif est de créer des images mentales vives, **riches en détails** et **chargées d'émotions** afin que votre cerveau commence à travailler pour leur donner vie.

1. Manifester la réussite professionnelle

Pour cet exercice, vous vous concentrerez sur vos **objectifs de carrière** . Commencez par entrer dans l' **état Alpha** grâce à la respiration profonde ou à la méditation. Une fois que vous êtes dans un état de détente et de concentration, commencez à vous imaginer en **train d'atteindre votre objectif de carrière** .

Imaginez que vous occupez le poste que vous avez toujours voulu occuper, qu'il s'agisse d'une promotion, de la gestion de votre propre entreprise ou de l'obtention de l'emploi de vos rêves. Imaginez-vous entrer dans votre lieu de travail idéal. À quoi ressemble-t-il ? Qui sont les personnes avec lesquelles vous travaillez ? Visualisez-vous en train de mener à bien votre journée

en toute confiance : diriger des réunions, résoudre des problèmes et recevoir les félicitations de vos collègues ou de vos clients.

Maintenant, concentrez-vous sur le **sentiment** de réussite. Comment vous sentez-vous en sachant que vous avez atteint cet objectif ? Laissez-vous éprouver la **joie** , **la confiance** et **l'épanouissement** qui accompagnent votre réussite. Plus votre visualisation sera détaillée, plus elle paraîtra **réelle** à votre cerveau et plus il vous sera facile de prendre des mesures qui mèneront à ce résultat.

2. Améliorer la vie personnelle

Dans cet exercice, vous vous concentrerez sur l'amélioration d'un aspect de votre **vie personnelle** , qu'il s'agisse de renforcer vos relations, de trouver un équilibre ou de poursuivre une passion personnelle. Commencez par vous détendre et entrez dans l' **état Alpha** . Une fois que vous êtes dans cet état de calme, visualisez-vous en train de vivre la vie personnelle que vous désirez.

Par exemple, si votre objectif est de renforcer vos relations avec votre famille et vos amis, imaginez que vous avez **des interactions positives** avec eux. Imaginez une situation spécifique, comme une réunion de famille ou une conversation significative avec un ami proche. Concentrez-vous sur les **sentiments de connexion, d'amour et de chaleur** . Comment vous sentez-vous entouré de personnes qui vous soutiennent et prennent soin de vous ? Plus vous vous impliquez dans ces sentiments pendant votre visualisation, plus vous avez de chances de les créer dans la vie réelle.

Si votre objectif personnel est de trouver un équilibre ou de vous adonner à un passe-temps, visualisez-vous en train de faire cette activité, que ce soit peindre, voyager ou simplement vous détendre sans stress. Concentrez-vous sur la **paix** et **la joie** que cela vous apporte.

3. Améliorer la santé et le bien-être

Pour cet exercice, vous vous concentrerez sur **la manifestation d'une meilleure santé** . Commencez, comme toujours, par entrer dans l' **état Alpha** grâce à une relaxation profonde. Une fois que vous êtes dans cet état, commencez à vous visualiser en **parfaite santé** . Imaginez votre corps comme **fort** , **énergique** et **dynamique** . Si vous êtes confronté à un problème de santé spécifique, visualisez le processus de guérison. Voyez les cellules de votre corps **se régénérer** , votre système immunitaire se renforcer et votre énergie revenir.

Imaginons que vous visualisez une vie sans stress ni anxiété. Imaginez-vous vous réveiller le matin en vous sentant **calme** et **reposé** . Imaginez-vous traverser la journée avec aisance, en relevant tous les défis avec confiance et tranquillité d'esprit. Concentrez-vous sur le **soulagement** et **la liberté** que procure le fait de se sentir en bonne santé et fort. Plus votre visualisation sera détaillée et **chargée d'émotions** , plus votre esprit et votre corps travailleront ensemble pour créer cette réalité.

Exemple : exercice de visualisation en temps réel

Maintenant que vous connaissez certaines techniques de visualisation, passons à une **pratique en temps réel** que vous pouvez suivre étape par étape. Cette pratique vous aidera à découvrir par vous-même le pouvoir de **la visualisation mentale**

.

1. **Trouvez un endroit calme** où vous ne serez pas dérangé. Asseyez-vous confortablement, les yeux fermés, et prenez quelques respirations profondes pour calmer votre esprit et votre corps.

2. Commencez à **détendre votre corps** , en commençant par vos pieds et en remontant lentement jusqu'à votre tête. Sentez chaque muscle se détendre et relâchez toute tension.

3. Une fois que vous vous sentez complètement détendu, commencez à **visualiser votre objectif** . Supposons que votre objectif soit de réussir un projet personnel, comme écrire un livre. Imaginez-vous assis à votre bureau, en train de taper sur votre clavier, l'inspiration vous envahissant sans effort. Voyez les mots s'assembler en douceur et imaginez le sentiment d'**accomplissement** à mesure que vous terminez chaque chapitre.

4. maintenant **plus de détails** . À quoi ressemble l'environnement qui vous entoure ? Peut-être y a-t-il une tasse de café sur la table ou une vue sur le monde extérieur depuis votre fenêtre. Imaginez les sons, peut-être le léger

claquement du clavier ou le bourdonnement silencieux du monde qui vous entoure.

5. En continuant à visualiser, concentrez-vous sur les **émotions** . Que ressentez-vous en sachant que votre livre est en train de prendre forme à la perfection ? Ressentez un sentiment de **fierté** et **d'excitation** à mesure que vous vous rapprochez de votre objectif.

6. Maintenant, **imaginez** le moment où votre livre est publié et entre les mains des lecteurs. Imaginez la **joie** et **l'épanouissement** que vous ressentez en sachant que vous avez accompli quelque chose d'important. Laissez cette émotion vous envahir.

7. Après avoir visualisé l'ensemble du processus et son résultat, prenez un moment pour **apprécier** le sentiment de réussite. Ensuite, ramenez lentement votre attention sur le moment présent. Ouvrez les yeux et respirez profondément.

En pratiquant régulièrement cet exercice **de visualisation en temps réel** , non seulement vous renforcez votre objectif, mais vous créez également une feuille de route mentale qui vous guide vers sa réalisation.

Ces techniques de visualisation efficaces sont la pierre angulaire de l'utilisation de la **méthode Silva** pour concrétiser vos objectifs. Qu'il s'agisse de réussite professionnelle, d'épanouissement personnel ou d'amélioration de la santé, vous disposez désormais des outils nécessaires pour prendre le contrôle de votre esprit et commencer à façonner la vie que vous désirez.

CHAPITRE 3

RÉDUCTION DU STRESS ET RELAXATION

Le stress fait partie intégrante de la vie. Qu'il s'agisse de pressions professionnelles, de responsabilités familiales ou d'attentes personnelles, il semble que le stress ait tendance à s'infiltrer dans notre esprit et notre corps, souvent sans que nous nous en rendions compte. Le problème n'est pas que nous subissons du stress, mais plutôt la façon dont nous le gérons. Le **stress chronique** , s'il n'est pas maîtrisé, peut avoir de profonds effets sur l'esprit et le corps, entraînant toute une série de problèmes physiques et émotionnels. C'est là qu'intervient la méthode Silva, qui propose des outils pratiques et puissants pour vous aider à gérer, voire à éliminer, le stress de votre vie quotidienne.

LE STRESS ET SON IMPACT SUR LE CORPS ET L'ESPRIT

Pour apprécier pleinement les bienfaits des techniques de réduction du stress, nous devons d'abord comprendre les effets du stress sur notre santé **mentale** et **physique** . **Le stress** , dans sa forme la plus élémentaire, est la réponse de votre corps aux menaces ou aux défis perçus. Cela déclenche la fameuse réaction de « **combat ou de fuite** », qui provoque une poussée d'hormones du stress comme le cortisol et l'adrénaline. Ces hormones préparent votre corps à réagir rapidement au danger, mais lorsque vous êtes stressé jour après jour, votre système est toujours en état d'alerte.

Au fil du temps, le stress chronique peut avoir des conséquences néfastes sur votre santé. Il affecte presque tous les systèmes du corps : votre **cœur**, **votre système immunitaire** et même votre **système digestif**. Parmi les symptômes physiques les plus courants du stress, on trouve **les maux de tête**, **les tensions musculaires**, **les problèmes digestifs** et **la fatigue**. Sur le plan mental, il peut entraîner **de l'anxiété**, **de la dépression**, **de l'irritabilité** et des difficultés de concentration.

On oublie souvent le **lien entre le corps et l'esprit**. Lorsque votre esprit est stressé, votre corps en ressent l'impact, et lorsque votre corps est tendu ou fatigué, votre esprit a plus de mal à se détendre. C'est un cycle qui peut sembler accablant et difficile à briser. C'est pourquoi la gestion du stress est si importante : il ne s'agit pas seulement de se sentir mieux émotionnellement, mais d'améliorer votre **bien-être général**.

COMMENT LE STRESS AFFECTE LA VIE QUOTIDIENNE ET COMMENT LA MÉTHODE SILVA PEUT VOUS AIDER

Le stress ne nous affecte pas seulement dans les situations extrêmes. Il peut s'infiltrer dans tous les aspects de notre **vie quotidienne**. Du réveil anxieux à l'idée de la journée à venir à la difficulté de se détendre avant d'aller au lit, le stress a une façon sournoise de tout éclipser. Il affecte la façon dont nous interagissons avec les autres, notre productivité au travail et même notre capacité à profiter des plaisirs simples de la vie. Lorsque le stress est constamment présent, il est facile de se sentir **déconnecté** de nous-mêmes et de notre environnement.

La méthode Silva propose une gamme de **techniques de relaxation** spécialement conçues pour vous aider à reprendre le contrôle du stress et à trouver la paix dans votre vie quotidienne. L'un des enseignements fondamentaux de la méthode Silva est que le stress commence dans l'esprit et qu'en changeant votre façon **de penser** et **de ressentir** , vous pouvez changer la façon dont votre corps réagit aux situations stressantes.

L'une des pratiques clés de la méthode Silva pour réduire le stress consiste à entrer dans l' **état Alpha** , un état d'esprit détendu où vos ondes cérébrales ralentissent, ce qui facilite l'apaisement de vos pensées et l'évacuation des tensions. C'est un état dans lequel votre esprit peut se concentrer sur **la guérison** , **la clarté** et **le renouveau** . C'est l'antidote parfait à la nature **rapide** du stress quotidien.

En apprenant à accéder à l'état Alpha grâce à **la méditation** et **à la visualisation guidée** , vous donnez à votre corps la possibilité de se détendre profondément. Lorsque vous êtes dans cet état, votre **rythme cardiaque** ralentit, vos **muscles se détendent** et votre **respiration** devient plus régulière. Il ne s'agit pas d'une solution temporaire : une pratique régulière permet à votre corps de s'adapter et, au fil du temps, vous aurez plus de facilité à gérer le stress, même dans des situations difficiles.

Une autre technique de réduction du stress de la méthode Silva est l'utilisation **d'affirmations positives** . Souvent, le stress est aggravé par des pensées négatives. Vous pourriez vous retrouver à vous inquiéter du pire scénario ou à vous critiquer parce que vous ne gérez pas « mieux » certaines situations. En pratiquant **un dialogue intérieur positif** et en utilisant des affirmations pendant l'état Alpha, vous entraînez votre cerveau à se concentrer sur **les solutions** plutôt que sur les problèmes. Ce changement de perspective contribue à réduire l'intensité du stress et vous permet d'aborder les défis avec un esprit **plus clair** et plus équilibré.

Témoignage : une personne qui a surmonté le stress chronique grâce aux techniques de relaxation de la méthode Silva

Laissez-moi vous parler de **Maria** , une graphiste de 35 ans qui a lutté contre le stress chronique pendant des années. Jongler avec les exigences de son travail, de sa famille et ses attentes de perfection la laissait constamment dépassée. Chaque matin, elle se réveillait avec un sentiment d' **effroi** , pensant aux tâches sans fin qui l'attendaient. À la fin de la journée, elle était trop épuisée pour profiter du temps passé avec ses proches, et restait souvent éveillée la nuit avec l'esprit qui tournait à toute allure.

Maria a essayé différentes méthodes pour gérer son stress, de **l'exercice physique** aux **médicaments** , mais rien ne semblait résoudre le problème à la racine. C'est alors qu'elle a découvert la **méthode Silva** . Au début sceptique, Maria a décidé d'essayer les techniques de relaxation, pensant qu'elle n'avait rien à perdre. Elle a commencé à pratiquer quotidiennement la **méditation de l'état Alpha** , apprenant à calmer son esprit et à entrer dans un état de relaxation profonde.

Au début, Maria a remarqué de petits changements. Sa **respiration** est devenue plus lente et plus contrôlée, et elle a ressenti un sentiment de **calme** qu'elle n'avait pas ressenti depuis longtemps. Mais la véritable transformation s'est produite après quelques semaines de pratique régulière. Elle a découvert qu'elle était capable de gérer plus efficacement les situations stressantes au travail. Au lieu de réagir avec **panique** ou **anxiété** , elle a commencé à réagir avec **clarté** et **confiance** . Son **sommeil** s'est amélioré et la tension constante dans ses épaules et son cou a commencé à disparaître.

relations de Maria . Sans le poids du stress qui lui obscurcissait l'esprit, elle est devenue plus présente avec sa famille, profitant du temps passé avec eux sans se soucier de ce qu'elle n'avait pas accompli ce jour-là. Elle a même commencé à remarquer des opportunités dans sa carrière qu'elle n'avait pas vues auparavant parce qu'elle n'était plus accablée par le stress.

Maria attribue à la méthode Silva le mérite de lui avoir redonné le contrôle de sa vie. Ce n'est pas une solution du jour au lendemain, mais grâce à son dévouement et à sa pratique, elle a pu transformer sa façon de gérer le stress. Ce qui lui semblait autrefois être une **force incontrôlable** lui semble désormais pouvoir être maîtrisé en toute confiance.

Dans ce chapitre, nous avons vu comment le stress nous affecte à la fois au niveau mental et physique et à quel point les techniques de gestion du stress de la méthode Silva peuvent être **efficaces pour réduire, voire éliminer, ce stress. En pratiquant la relaxation mentale** , en accédant à l' **état Alpha** et en utilisant **des affirmations positives** , chacun peut apprendre à se libérer de l'emprise du stress et à vivre une vie plus **équilibrée** et **plus épanouissante** .

TECHNIQUES DE RELAXATION

Trouver des moments de **détente** dans nos vies trépidantes peut sembler être un défi, mais en réalité, il ne faut pas beaucoup de temps pour calmer votre esprit et votre corps. La méthode Silva propose **des techniques de relaxation simples mais efficaces** qui peuvent être facilement intégrées à votre journée, vous aidant à vous sentir plus en contrôle et en paix. Dans cette section, nous allons explorer le fonctionnement de ces techniques, étape par étape, afin que vous puissiez commencer à les pratiquer immédiatement.

Exercices de relaxation étape par étape pour calmer l'esprit

Commençons par un **exercice de relaxation de base** . Vous pouvez le faire n'importe où, que vous soyez assis à votre bureau, allongé à la maison ou même en train de faire une courte pause dans la journée. L'objectif ici est de vous débarrasser de l'encombrement

de votre esprit , de ralentir votre **respiration** et de relâcher la tension de vos muscles.

1. **Trouvez une position confortable** : asseyez-vous ou allongez-vous dans un endroit où vous ne serez pas dérangé pendant les prochaines minutes. Laissez vos bras et vos jambes se détendre, en vous reposant confortablement à vos côtés.

2. **Respirez profondément** : fermez les yeux et commencez par vous concentrer sur votre respiration. Inspirez profondément par le nez, retenez votre souffle un instant, puis expirez lentement par la bouche. Répétez ce processus plusieurs fois, en laissant chaque respiration être plus lente et plus détendue que la précédente.

3. **Détendez vos muscles** : Commencez par vos pieds et relâchez consciemment toute tension dans votre corps. Progressez lentement vers le haut, des jambes à l'abdomen, la poitrine, les bras, les épaules et enfin le cou et le visage. À chaque expiration, imaginez que la tension disparaisse.

4. **Faites le vide dans votre esprit** : tout en continuant à respirer profondément, imaginez votre esprit comme un lac calme et paisible. Toutes les pensées stressantes qui surgissent peuvent simplement s'envoler comme des ondulations dans l'eau. Votre seule concentration doit être sur le calme et le rythme doux de votre respiration.

5. **Restez dans l'instant présent** : permettez-vous de rester dans cet état de relaxation aussi longtemps que vous le souhaitez. Même quelques minutes peuvent faire une différence significative dans la façon dont vous vous sentez, à la fois mentalement et physiquement.

Il s'agit d'un **exercice simple** , mais incroyablement efficace pour calmer l'esprit et réduire les symptômes physiques du stress. Le pratiquer régulièrement peut vous aider à mieux contrôler la façon dont vous gérez le stress dans votre vie quotidienne.

MÉDITATION POUR UNE RELAXATION PROFONDE ET UN SOULAGEMENT DU STRESS

Pour une relaxation plus profonde, **la méditation** est un outil puissant qui fonctionne en harmonie avec les principes de la méthode Silva. Contrairement aux exercices de relaxation rapides, la méditation vous encourage à entrer dans un état plus profond de **clarté mentale** et **d'équilibre émotionnel** . Dans cet état, les ondes cérébrales ralentissent, vous aidant à accéder au **niveau Alpha** , un état où votre corps et votre esprit peuvent véritablement se régénérer.

Voici une technique **de méditation simple** que vous pouvez essayer pour entrer dans un état de relaxation profonde :

1. **Créez l'environnement** : Trouvez un endroit calme où vous ne serez pas interrompu. Asseyez-vous sur une chaise, les pieds à plat sur le sol et les mains posées confortablement sur vos genoux. Fermez les yeux et

commencez par prendre quelques respirations profondes, comme dans l'exercice précédent.

2. **Concentrez-vous sur votre respiration** : Commencez à concentrer toute votre attention sur l'acte de respirer. Sentez l'air entrer et sortir de vos narines. Essayez de garder votre esprit concentré sur votre respiration, en remarquant toutes les sensations dans votre corps lorsque vous inspirez et expirez.

3. **Entrez dans l'état Alpha** : Tout en continuant à respirer, commencez à visualiser un endroit paisible et relaxant, peut-être une plage tranquille, une forêt ou même une pièce sereine. C'est votre **espace de relaxation personnel** . Plus vous pourrez visualiser cet endroit de manière vivante, plus il sera facile pour votre esprit d'entrer dans l'état Alpha, où la relaxation s'approfondit.

4. **Libérez vos soucis** : imaginez que toute tension, tout souci ou toute pensée stressante que vous retenez sont comme des nuages dans le ciel. Regardez-les s'éloigner, laissant votre esprit plus clair à chaque instant qui passe.

5. **Restez dans l'instant présent** : restez dans cet état de relaxation pendant 10 à 15 minutes, ou plus longtemps si vous le souhaitez. Lorsque vous êtes prêt à terminer la méditation, ramenez lentement votre conscience au moment présent, en prenant le temps de vous étirer et d'ouvrir les yeux.

La pratique régulière de **la méditation** peut avoir des effets profonds sur votre bien-être **mental** et **physique** . **Elle aide à réduire la tension artérielle** , à réduire **l'anxiété** et à améliorer votre capacité à gérer le stress de manière calme et concentrée. Avec de la pratique, vous trouverez plus facile d'entrer dans cet état de relaxation profonde chaque fois que vous en aurez besoin.

LE PROCESSUS DE RELAXATION SILVA

Le processus de relaxation unique de la méthode Silva va au-delà des techniques de base. Il propose un **guide complet** pour développer votre routine qui combine une relaxation profonde avec **la visualisation** et **les affirmations positives** . Cette routine vous aide à entraîner votre esprit non seulement à **se calmer,** mais aussi à **se concentrer** et **à manifester** des résultats positifs dans votre vie.

Pour développer votre **routine de relaxation** en utilisant la Méthode Silva, suivez ces étapes :

1. **Adoptez une routine** : la régularité est essentielle. Choisissez un moment chaque jour pour vous consacrer à votre pratique de relaxation. Que ce soit le matin ou avant d'aller vous coucher, une routine vous permettra de vous détendre plus profondément au fil du temps.

2. **Entrez dans l'état Alpha** : Chaque fois que vous pratiquez, commencez par entrer dans l'état Alpha grâce à la méditation. Utilisez vos capacités **de visualisation** pour

imaginer un environnement paisible et laissez votre esprit devenir calme et concentré.

3. **Utilisez des affirmations** : dans cet état de relaxation, introduisez **des affirmations positives** liées aux objectifs que vous souhaitez atteindre, qu'il s'agisse de réduire le stress, d'améliorer votre santé ou d'atteindre un objectif personnel spécifique. Votre esprit est plus réceptif à l'état Alpha, ce qui rend vos affirmations plus efficaces.

4. **Visualisez le résultat souhaité** : Ensuite, utilisez **la visualisation** pour vous imaginer mentalement en train d'atteindre vos objectifs. Par exemple, si votre objectif est de réduire le stress, imaginez-vous gérer une situation généralement stressante avec aisance et calme. Imaginez-vous **détendu** , **confiant** et en contrôle.

5. **Terminez avec gratitude** : lorsque vous terminez votre séance, prenez un moment pour éprouver de la gratitude pour la paix et la détente que vous avez créées. Cela contribue à renforcer l'état mental positif que vous avez cultivé au cours du processus.

EXEMPLE : UNE PRATIQUE DE RELAXATION DE 5 MINUTES

Pour commencer, voici une pratique de relaxation rapide de 5 minutes que vous pouvez suivre dès maintenant :

1. **Trouvez un espace calme** : asseyez-vous sur une chaise confortable ou allongez-vous dans un endroit où vous pourrez vous détendre sans interruption.

2. **Respirez profondément** : fermez les yeux et prenez trois respirations lentes et profondes. Inspirez par le nez en comptant jusqu'à quatre, retenez votre souffle pendant quatre temps, puis expirez par la bouche pendant quatre temps supplémentaires.

3. **Détendez votre corps** : scannez mentalement votre corps de la tête aux pieds, en relâchant toute tension que vous ressentez dans vos muscles. Concentrez-vous sur vos pieds, vos jambes, vos bras, vos épaules et votre cou. À chaque respiration, imaginez que la tension quitte votre corps.

4. **Visualisez un endroit paisible** : imaginez un endroit où vous vous sentez calme et en sécurité. Il peut s'agir d'une plage, d'une forêt ou de tout autre endroit où vous vous sentez en paix. En visualisant cet endroit, imaginez les images, les sons et les odeurs qui vous entourent. Laissez votre esprit s'installer dans cet espace paisible.

5. **Répétez une affirmation positive** : tout en restant dans cet état de détente, choisissez une affirmation simple à répéter, comme « Je suis calme et en contrôle » ou « Je libère tout stress et toute tension ». Répétez cela dans votre esprit pendant la minute suivante.

6. **Retour au présent** : lorsque vous êtes prêt, prenez quelques respirations profondes supplémentaires et ouvrez lentement les yeux. Étirez vos bras et vos jambes et remarquez que votre corps devient plus léger et plus détendu.

Cette pratique rapide peut être utilisée à chaque fois que vous avez besoin d'une petite pause mentale. Elle est facile à mettre en œuvre, mais elle peut avoir un impact important sur la façon dont vous gérez le stress tout au long de votre journée.

CHAPITRE 4

DÉVELOPPEMENT INTUITIF

LIBÉRER LE POUVOIR DE L'INTUITION

L'intuition est souvent décrite comme un **sentiment viscéral** ou une voix intérieure qui nous guide vers le bon chemin, même lorsque la logique et le raisonnement pourraient nous dire le contraire. C'est ce moment où vous « savez » simplement quelque chose sans vraiment comprendre pourquoi. Mais vous êtes-vous déjà demandé si vous pouviez renforcer cette capacité ? La méthode Silva enseigne que **l'intuition** n'est pas seulement quelque chose avec laquelle vous naissez, mais quelque chose que vous pouvez **développer** et utiliser pour prendre de meilleures décisions, plus éclairées, dans tous les domaines de la vie. Ce chapitre vous guidera sur la façon de **libérer** et d'aiguiser le pouvoir de votre **intuition** .

QU'EST-CE QUE L'INTUITION ET COMMENT LA CULTIVER

L'intuition est bien plus qu'une simple **intuition** ; c'est une forme avancée de **conscience non logique** à laquelle votre cerveau peut accéder lorsqu'il est dans un état approprié. L'esprit, grâce à des années d'expérience et d'observation subconsciente, collecte et traite une énorme quantité de données qui ne sont pas toujours accessibles à notre conscience. **L'intuition** provient donc de ce réservoir de connaissances, vous guidant en fonction de modèles et d'expériences dont vous n'avez peut-être pas conscience.

Lorsque vous êtes stressé ou distrait, il peut être plus difficile d'**entendre** ou de faire confiance à votre intuition, car votre esprit est occupé à jongler avec trop de choses à la fois. Cependant, lorsque vous pratiquez des techniques de relaxation profonde, telles que celles enseignées dans la **méthode Silva** , vous faites taire le bruit et créez un environnement où **l'intuition** peut s'épanouir.

Une façon de cultiver l'intuition est de pratiquer des exercices **de méditation** et **de visualisation** . En entrant dans l' **état d'ondes cérébrales Alpha** , un état d'esprit détendu mais concentré, vous vous ouvrez aux **signaux subtils** que l'intuition envoie. C'est dans cet état mental que de nombreuses personnes font l'expérience **d'idées** , **de solutions** ou même d'avertissements qui semblent surgir de nulle part. Mais en réalité, c'est votre cerveau qui travaille à un **niveau plus profond et plus intuitif** .

Pour cultiver votre intuition, commencez par pratiquer **la pleine conscience** et prêter attention aux signaux que votre corps et votre esprit vous envoient tout au long de la journée. Qu'il s'agisse d'un petit coup de pouce pour vous inciter à prendre un autre chemin pour aller au travail ou d'un sentiment fort concernant une décision, remarquez comment ces **signaux subtils** se manifestent. En vous accordant plus fréquemment à ces moments, vous commencerez à faire davantage confiance à votre **voix intérieure** .

TÉMOIGNAGE : UNE PERSONNE QUI A RENFORCÉ SON INTUITION GRÂCE À LA MÉTHODE SILVA, CE QUI LUI A PERMIS DE PRENDRE DE MEILLEURES DÉCISIONS DANS LA VIE

Laissez-moi vous raconter l'histoire de **Daniel** , un homme qui a découvert le véritable pouvoir de **l'intuition** grâce à la méthode Silva. Daniel était un chef d'entreprise prospère, mais malgré ses réussites professionnelles, il doutait souvent **des** décisions qu'il prenait. Il remettait constamment en question son instinct, en particulier lorsqu'il s'agissait de faire des choix importants dans sa carrière ou dans sa vie personnelle. Cela lui causait **un stress inutile** , des nuits blanches et parfois même **des occasions manquées** .

Lorsqu'un ami a présenté la **méthode Silva à Daniel** , il était d'abord sceptique. Cependant, après avoir découvert le fonctionnement du cerveau au **niveau Alpha** et le potentiel de renforcement **de l'intuition** , Daniel a décidé de l'essayer. Il s'est engagé à pratiquer régulièrement **la méditation** et **la visualisation** , entrant dans un état de relaxation pour calmer ses pensées et écouter plus attentivement sa guidance intérieure.

Les changements ne se sont pas produits du jour au lendemain, mais Daniel a progressivement commencé à remarquer que son **intuition** devenait plus claire et plus précise. Un exemple notable fut celui d'une décision commerciale difficile à prendre : fusionner ou non avec une entreprise concurrente. Logiquement, la fusion semblait être une excellente opportunité. Sur le papier, tout était vérifié. Cependant, chaque fois qu'il méditait sur la décision, Daniel ressentait une **intuition subtile mais forte** qui le mettait en garde contre la fusion.

Malgré la pression, Daniel a fait confiance à son intuition et a décliné l'offre. Quelques mois plus tard, l'entreprise concurrente a déposé le bilan et Daniel a réalisé que sa décision avait sauvé son entreprise de ce qui aurait pu être un désastre financier.

Au fil du temps, Daniel a remarqué que son **intuition** ne l'aidait pas seulement dans ses affaires, mais qu'elle avait également un impact positif sur sa **vie personnelle** . Il s'est rendu compte qu'il faisait **de meilleurs choix** dans ses relations, sa santé et même dans les situations quotidiennes. Plus il s'entraînait, plus il **devenait à** l'écoute des signaux subtils que son **intuition** lui envoyait.

L'histoire de Daniel n'est qu'un exemple parmi tant d'autres de la façon dont la **méthode Silva** peut aider les individus à puiser dans leur guidance intérieure et à prendre de meilleures décisions dans la vie. Elle nous rappelle que l'intuition n'est pas réservée à quelques privilégiés ; c'est une compétence qui peut être perfectionnée et utilisée par quiconque est prêt à prendre le temps de la cultiver.

EXERCICES PRATIQUES POUR DÉVELOPPER L'INTUITION

Bien que l'intuition puisse sembler être une force mystérieuse, la vérité est qu'elle peut être **développée** et **renforcée** comme n'importe quelle autre compétence. Que vous souhaitiez prendre de meilleures décisions dans votre vie personnelle, votre carrière ou vos relations, la pratique **d'exercices simples** peut vous aider à aiguiser vos capacités intuitives. Dans cette section, nous allons passer en revue plusieurs exercices pratiques que vous pouvez essayer quotidiennement. Il s'agit de techniques simples mais efficaces conçues pour vous aider à reconnaître et à faire confiance à votre **instinct** dans les situations du quotidien.

Techniques pour améliorer les capacités intuitives

Développer son **intuition,** c'est faire taire le bruit de la vie quotidienne pour pouvoir être à l'écoute des signaux subtils que votre esprit et votre corps vous envoient constamment. Les exercices ci-dessous sont conçus pour vous aider à vous concentrer sur vous-même, à observer vos **pensées intérieures** et à renforcer votre capacité à **lire** ces sentiments instinctifs qui vous guident souvent dans la bonne direction.

1. Calmez l'esprit grâce à la méditation

L'une des façons les plus efficaces de stimuler votre **intuition** est de **méditer régulièrement** . L'intuition est souvent noyée par l'agitation de la vie quotidienne, le flot constant de pensées et les distractions extérieures. Lorsque vous méditez, vous apaisez l'esprit et créez un espace pour que **la guidance intérieure** émerge.

Voici une technique de méditation simple pour vous aider :

1. **Trouvez un endroit calme** : asseyez-vous confortablement sur une chaise ou par terre. Fermez les yeux et prenez quelques respirations profondes en vous concentrant sur la sensation de votre respiration lorsqu'elle entre et sort de votre corps.

2. **Définissez votre intention** : Avant de commencer, fixez-vous l'intention d'écouter votre intuition. Vous pouvez même vous dire : « Je suis ouvert à recevoir des conseils de ma voix intérieure. »

3. **Observez vos pensées** : Pendant que vous méditez, laissez vos pensées circuler naturellement sans essayer de les contrôler. Imaginez-les comme des nuages qui passent. Votre objectif n'est pas d'arrêter de penser mais d'observer sans attachement.

4. **Soyez à l'écoute de vos émotions** : à mesure que votre esprit se calme, commencez à prêter attention à toutes **les sensations ou émotions subtiles** qui surgissent. L'intuition communique souvent par le biais des émotions, alors remarquez si certaines zones de votre corps semblent **tendues** , **calmes** ou **énergisées** .

5. **Terminez avec gratitude** : Après environ 10 à 15 minutes, ramenez lentement votre attention sur le présent. Prenez un moment pour ressentir de la gratitude pour tout conseil ou toute idée qui a pu surgir.

En pratiquant cette méditation quotidiennement, vous créerez plus d'opportunités de vous connecter à votre **sagesse intérieure** et de renforcer vos capacités intuitives.

2. Pratiquez la prise de décision consciente

Chaque jour, nous sommes confrontés à d'innombrables **décisions** , certaines grandes, d'autres plus petites. L'intuition joue un rôle essentiel pour nous aider à faire les bons choix, même lorsque nous ne disposons pas de toutes les informations logiques nécessaires. Pratiquer **la prise de décision consciente** est un excellent moyen de stimuler votre **intuition** et de commencer à faire confiance aux sentiments subtils qui guident vos choix.

Voici comment vous pouvez le faire :

1. **Faites une pause avant de décider** : la prochaine fois que vous serez confronté à une décision, qu'elle soit petite, comme choisir quoi manger pour le dîner, ou grande, comme accepter une offre d'emploi, faites une pause un instant avant de décider.

2. **Soyez à l'écoute de votre instinct** : prêtez une attention particulière au **premier sentiment** qui surgit lorsque vous pensez à chaque option. L'intuition parle souvent dans les premières secondes avant que votre esprit n'ait eu le temps de suranalyser. Une option vous fait-elle vous sentir **calme** ou **excité** ? Une autre option vous met-elle **mal à l'aise** ou **nerveux** ?

3. **Évaluez vos émotions** : l'intuition est étroitement liée à nos réactions **émotionnelles** . Après cette première impression, remarquez tout **changement émotionnel** à mesure que vous continuez à réfléchir à vos options. Des émotions comme **l'anxiété** ou **la peur** peuvent obscurcir votre intuition, tandis que des sentiments de **clarté** ou **de facilité** sont souvent des signes que votre instinct vous guide vers le bon choix.

4. **Faites confiance à votre choix** : une fois que vous avez pris votre décision, faites-lui confiance. Plus vous l'écoutez, plus votre intuition devient forte. Au fil du temps, vous constaterez que vos choix s'alignent davantage sur vos véritables désirs et besoins.

3. Tenir un journal pour l'intuition

Tenir un journal est un autre outil puissant pour renforcer votre **intuition** . Écrire vos pensées, vos sentiments et vos expériences vous aide à réfléchir aux moments où l'intuition vous a guidé avec succès, et cela crée également un espace pour **la conscience de soi** .

Essayez cet exercice de journalisation pour puiser dans votre esprit intuitif :

1. **Écriture libre quotidienne** : Réservez 10 à 15 minutes par jour pour **écrire librement** . Cela signifie écrire tout ce qui vous vient à l'esprit sans jugement ni modification.

L'objectif est de laisser vos pensées couler naturellement sur la page.

2. **Concentrez-vous sur les moments intuitifs** : Pendant que vous écrivez, pensez à des moments de votre vie où vous avez eu un fort **pressentiment** à propos de quelque chose. L'avez-vous suivi ? Si oui, quel en a été le résultat ? Si non, comment les choses se sont-elles déroulées ?

3. **Demandez conseil** : vers la fin de votre séance de journalisation, notez toutes **les questions** que vous vous posez sur une décision ou une situation à laquelle vous êtes confronté. Demandez conseil à votre intuition et voyez si des idées vous viennent à l'esprit au fur et à mesure que vous continuez à écrire.

4. **Réfléchissez aux schémas** : Au fil du temps, lorsque vous relisez vos entrées de journal, vous remarquerez peut-être **des schémas** dans la façon dont votre intuition communique avec vous. Cela peut vous aider à faire plus profondément confiance à votre voix intérieure et à reconnaître les manières subtiles dont elle vous guide.

4. Écouter les signaux du corps

outil puissant et intuitif . Nous ressentons souvent des **sensations physiques telles** qu'une oppression thoracique, un creux dans l'estomac ou une sensation soudaine de calme. Apprendre à écouter ces signaux peut améliorer considérablement vos capacités intuitives.

Voici comment vous pouvez vous entraîner à écouter les signaux intuitifs de votre corps :

1. **Scan du corps** : Asseyez-vous ou allongez-vous dans une position confortable. Fermez les yeux et commencez par vous concentrer sur votre respiration. Ensuite, **scannez lentement votre corps** de la tête aux pieds, en prêtant attention à toutes les sensations que vous ressentez.

2. **Remarquez les changements** : Lorsque vous réfléchissez à une décision ou à une situation spécifique, remarquez les **changements physiques** dans votre corps. Certaines pensées vous rendent-elles **tendu** ? D'autres vous détendent **-elles** ? Ces réactions physiques sont la façon dont votre corps communique avec vous.

3. **Agissez en fonction des signaux** : une fois que vous avez reconnu un signal de votre corps, agissez en conséquence. Si une décision provoque un malaise ou une tension dans votre corps, cela peut être le signe que quelque chose ne va pas. À l'inverse, si votre corps semble **léger** et **calme** , cela peut être le signe que votre intuition vous guide dans la bonne direction.

En pratiquant cela régulièrement, vous commencerez à faire autant confiance à **la sagesse de votre corps** qu'au raisonnement de votre esprit.

5. Exercices simples pour écouter son instinct dans les situations du quotidien

Maintenant que nous avons exploré certaines techniques de base, découvrons quelques **exercices simples** que vous pouvez utiliser pour écouter votre instinct dans votre vie quotidienne. Ces exercices sont conçus pour être simples et pratiques, vous aidant à exploiter votre **intuition** en temps réel.

Exercice 1 : Choisir entre deux options

La prochaine fois que vous devez choisir entre deux options (qu'il s'agisse de savoir quoi manger pour le dîner, quel film regarder ou quel itinéraire prendre pour vous rendre au travail), essayez cet exercice :

1. **Asseyez-vous tranquillement un instant** : avant de prendre votre décision, asseyez-vous et prenez quelques respirations profondes pour calmer votre esprit.

2. **Pensez à chaque option** : En réfléchissant à chaque option, remarquez comment votre corps réagit. L'une des options vous fait-elle vous sentir plus détendu ou plus excité ? L'autre crée-t-elle un sentiment de malaise ou de tension ?

3. **Faites confiance à votre premier instinct** : Souvent, votre **premier instinct** est le bon. Faites confiance à l'option qui vous semble la plus en phase avec les signaux et les émotions de votre corps, même si elle ne semble pas logique.

4. **Réfléchissez au résultat** : après avoir fait votre choix, prenez note de la tournure que prennent les événements. Au

fil du temps, vous remarquerez que faire confiance à votre instinct conduit à de meilleures décisions et à de meilleurs résultats.

Exercice 2 : Utiliser l'intuition pour prendre de petites décisions

Une autre façon de renforcer votre intuition est de vous entraîner à prendre **de petites décisions au quotidien** . La prochaine fois que vous n'êtes pas sûr de quelque chose d'insignifiant, comme de savoir si vous devez emporter un parapluie ou appeler un ami, faites une pause et écoutez votre **intuition** .

1. **Posez-vous une question par oui ou par non** : Posez à votre intuition une question simple par oui ou par non. Par exemple : « Dois-je apporter un parapluie aujourd'hui ? » ou « Est-ce une bonne idée d'appeler mon ami maintenant ? »

2. **Ressentez la réponse** : faites attention à votre réaction physique et émotionnelle immédiate. Si vous ressentez un sentiment de **certitude** ou **de calme** , votre instinct vous dit probablement oui. Si vous ressentez une hésitation ou une tension, c'est probablement non.

3. **Agissez selon votre intuition** : une fois que vous avez écouté votre intuition, agissez en conséquence. Au fil du temps, cette pratique vous aidera à avoir davantage confiance en vos capacités intuitives, même dans les décisions les plus importantes.

Exercice 3 : Rituel intuitif du matin

Commencez chaque journée en pratiquant un **rituel matinal intuitif** . Cela peut vous aider à donner le ton à votre journée et à renforcer votre connexion à votre **guidance intérieure** .

1. **Méditation matinale** : Commencez votre matinée par une courte **méditation** pour calmer votre esprit et vous connecter à votre intuition. Fixez l'intention de rester ouvert à la guidance intuitive tout au long de la journée.

2. **Demandez conseil** : Après avoir médité, prenez un moment pour demander conseil à votre intuition sur les décisions ou les défis spécifiques auxquels vous pourriez être confronté ce jour-là. Vous pouvez également poser des questions plus générales comme : « Que dois-je savoir aujourd'hui ? »

3. **Faites confiance à votre première pensée ou à votre premier sentiment** : Souvent, votre intuition répondra par une **première pensée** ou un premier sentiment qui vous vient naturellement. Notez tout ce qui vous vient à l'esprit et gardez-le avec vous comme aide-mémoire tout au long de la journée.

En intégrant ces exercices pratiques à votre routine quotidienne, vous commencerez à **renforcer votre intuition** et à faire davantage confiance à votre voix intérieure. N'oubliez pas que l'intuition est comme un muscle : plus vous l'utilisez, plus elle devient forte. Au fil du temps, vous constaterez qu'il devient plus facile de prendre des décisions, de relever des défis et de vous comprendre vous-même en vous appuyant sur ce puissant système de guidage interne.

CHAPITRE 5

GUÉRISON ET AUTO-GUÉRISON

Le pouvoir de l'esprit d'influencer le corps est un sujet de fascination depuis des siècles. La méthode Silva exploite ce lien profond, démontrant comment nos états mentaux peuvent affecter directement notre bien-être physique. En matière de **guérison et d'auto-guérison** , l'esprit joue un rôle important dans la régulation de la réponse du corps au stress, à la maladie et même aux blessures. Dans ce chapitre, nous explorerons le **lien entre l'esprit et le corps** , la manière dont les pratiques mentales peuvent favoriser la santé physique et l'incroyable potentiel d'auto-guérison grâce aux techniques **de visualisation** .

LA CONNEXION CORPS-ESPRIT

Avez-vous déjà remarqué comment vous vous sentez physiquement après une longue journée de **stress** ou d'inquiétude ? Peut-être avez-vous mal au dos, avez-vous mal à la tête ou vous vous sentez inhabituellement fatigué. Ces symptômes physiques sont plus que de simples événements aléatoires : ils sont le reflet direct de votre **état mental** . La **connexion corps-esprit** fait référence au lien complexe entre ce que nous pensons et ressentons et la façon dont ces pensées et émotions influencent notre santé physique.

Lorsque nous sommes stressés, le cerveau libère **du cortisol** , une hormone qui prépare le corps à réagir aux menaces. Bien que cette réponse soit utile à court terme, une exposition prolongée aux hormones du stress peut entraîner des problèmes physiques chroniques comme **l'hypertension artérielle** , **des problèmes digestifs** et **un affaiblissement du système immunitaire** . À l'inverse, lorsque nous cultivons des états mentaux positifs, comme **le calme** , **la relaxation** ou **l'espoir** , notre corps réagit en libérant **des endorphines** et d'autres hormones qui favorisent la guérison et la réparation.

La méthode Silva nous apprend à exploiter le pouvoir de notre esprit pour créer des états positifs qui ont un impact direct sur notre santé physique. Grâce à des pratiques comme **la visualisation mentale** et **la méditation** , nous pouvons exploiter la capacité naturelle du corps à se guérir lui-même. Ces techniques nous aident à gérer le stress, à favoriser la relaxation et à concentrer l'esprit sur la santé et la récupération, ce qui peut améliorer le processus de guérison du corps.

COMMENT LES ÉTATS MENTAUX INFLUENCENT LA SANTÉ PHYSIQUE

Il est incroyable de penser que le simple fait de changer nos pensées ou nos émotions peut améliorer notre santé physique. Pourtant, c'est exactement ce que la science nous montre. De nombreuses études ont démontré l'influence profonde de l'esprit sur le corps. Par exemple, les personnes qui pratiquent la **pensée positive** ont tendance à avoir de meilleures réponses immunitaires, à se remettre plus rapidement des maladies et à ressentir moins de douleur.

Décomposons simplement comment cela fonctionne :

- **Stress** : lorsque nous sommes stressés, notre corps entre en **mode combat ou fuite** , un mécanisme de survie conçu pour nous protéger d'un danger immédiat. Mais dans la vie moderne, le stress est souvent chronique, ce qui signifie que notre corps reste dans cet état intense pendant de longues périodes. Cela peut entraîner toute une série de problèmes de santé, notamment **les maladies cardiaques** , **le diabète** et **l'insomnie** .

- **Relaxation** : En revanche, lorsque nous entrons dans un état de **relaxation** , le corps passe en **mode repos et digestion** . Dans cet état, le corps se concentre sur la réparation des tissus, le renforcement de la fonction immunitaire et la conservation de l'énergie. C'est pourquoi la relaxation est si importante pour la guérison : elle permet au corps de faire ce pour quoi il est naturellement conçu : **se guérir lui-même** .

- **Visualisation** : La visualisation mentale est un outil puissant dans ce processus. Lorsque nous nous **visualisons** en bonne santé, dynamiques et pleins d'énergie, l'esprit commence à s'aligner sur cette image. Cela envoie des signaux au corps pour qu'il donne la priorité à la guérison et à la réparation, ce qui contribue à accélérer la récupération ou à maintenir la santé globale.

La méthode Silva enseigne des techniques spécifiques pour cultiver ces états mentaux positifs, notamment grâce à **la visualisation** . En entraînant l'esprit à se concentrer sur la santé et le bien-être, nous activons les mécanismes naturels de guérison du corps.

TÉMOIGNAGE : UNE PERSONNE QUI A EXPÉRIMENTÉ L'AUTO-GUÉRISON GRÂCE AUX TECHNIQUES DE VISUALISATION

Pour illustrer le pouvoir de la visualisation mentale en matière de guérison, prenons l'exemple d' **Emily** , une femme de 45 ans qui souffrait de maux de dos chroniques depuis des années. Après avoir essayé de nombreux traitements (kinésithérapie, analgésiques et même acupuncture), elle n'a trouvé que peu de soulagement. La douleur constante affectait sa qualité de vie et elle était désespérée de ne jamais s'en libérer.

Un jour, une amie a présenté la méthode Silva à Emily. Sceptique au début, elle a décidé de l'essayer. Elle a découvert le lien entre le corps et l'esprit et comment le **pouvoir de la visualisation** pouvait potentiellement l'aider à soulager sa douleur. Emily a commencé à pratiquer des exercices de visualisation quotidiens, au cours desquels elle fermait les yeux, entrait dans un état de relaxation profonde et **imaginait** les muscles de son dos se relâcher et sa colonne vertébrale s'aligner parfaitement.

Dans ses visualisations, elle voyait une **lumière de guérison brillante** entourer son dos, pénétrer profondément dans ses muscles et ses os, apaiser l'inflammation et relâcher la tension. Elle gardait cette image dans son esprit pendant 10 à 15 minutes chaque jour, convaincue que son corps se guérissait lui-même.

Au bout de quelques semaines, Emily a commencé à remarquer de petits changements. La douleur n'était plus aussi intense qu'avant et elle pouvait bouger plus librement. Encouragée par ces progrès, elle a continué ses pratiques de visualisation. Au bout de trois mois, elle a constaté une réduction spectaculaire de son niveau de douleur. Même si ce n'était pas une guérison complète, elle se sentait plus en contrôle de son corps et pouvait reprendre de nombreuses activités qu'elle avait abandonnées auparavant.

L'histoire d'Emily n'est qu'un exemple de la puissance de l'esprit en matière d' **auto-guérison** . Grâce à des pratiques mentales régulières comme la visualisation, elle a pu réduire sa douleur et améliorer son bien-être général. Ce genre de résultat n'est pas rare pour ceux qui s'engagent dans la méthode Silva et font confiance à la capacité de leur esprit à influencer leur corps.

En conclusion, la **connexion corps-esprit** est un aspect essentiel de la santé et de la guérison. En comprenant comment nos états mentaux affectent notre santé physique et en pratiquant des techniques comme la visualisation, nous pouvons exploiter le pouvoir de l'esprit pour favoriser la guérison. La méthode Silva propose une manière structurée de développer ces compétences, offrant de l'espoir et des outils à ceux qui cherchent à guérir de l'intérieur.

TECHNIQUES D'AUTO-GUÉRISON

L'esprit humain possède une étonnante capacité de guérison, et la méthode Silva propose plusieurs techniques pour exploiter cette capacité. En utilisant **la visualisation** et **l'imagerie mentale** , vous pouvez concentrer l'énergie de votre esprit sur la promotion **du bien-être** , la réduction de la douleur et même l'accélération de la guérison. Dans cette section, nous explorerons des techniques d'auto-guérison efficaces, examinerons des études de cas de personnes ayant bénéficié de ces méthodes et fournirons un exercice de visualisation guidée que vous pourrez pratiquer pour améliorer votre santé.

Visualisation et imagerie mentale pour le bien-être

La visualisation est l'un des outils les plus puissants de la boîte à outils d'auto-guérison de la méthode Silva. Il ne s'agit pas seulement de voir des images dans votre esprit ; il s'agit d'utiliser ces images mentales pour envoyer des signaux puissants à votre corps. Lorsque vous pratiquez **la visualisation pour la guérison** , vous engagez activement votre cerveau à se concentrer sur un résultat de santé spécifique, comme la réduction de l'inflammation, la guérison des tissus ou le renforcement de votre système immunitaire. Votre cerveau, à son tour, interprète ces signaux comme des instructions et ordonne à votre corps d'agir.

Mais comment cela fonctionne-t-il ? Décryptons-le. Le cerveau ne fait pas toujours la différence entre ce qui est réel et ce qui est imaginé. C'est pourquoi nous ressentons de véritables émotions lorsque nous regardons un film ou lisons un livre. Le **même principe s'applique** à la visualisation. Lorsque vous imaginez votre corps en train de guérir, vous activez les **voies neuronales** associées à cette expérience, ce qui peut influencer votre santé physique. En fait, l'esprit crée une feuille de route que le corps doit suivre.

Par exemple, imaginez que vous souffrez de **migraines chroniques** . En utilisant la visualisation, vous pouvez imaginer mentalement que vos vaisseaux sanguins se détendent et que la pression dans votre tête diminue. Au fil du temps, cette pratique envoie des messages répétés à votre corps, contribuant ainsi à **calmer le système nerveux** et à soulager les symptômes.

L'utilisation régulière de cette technique peut conduire à des améliorations à long terme.

Une autre visualisation courante pour le bien-être implique l'utilisation de **la lumière de guérison** . Vous imaginez une lumière vive et apaisante qui remplit votre corps, balayant les zones qui ont besoin de guérison. Cette lumière peut symboliser la santé, l'énergie ou toute autre qualité qui résonne en vous. En visualisant cette lumière traverser votre corps, vous encouragez le processus de guérison à commencer.

ÉTUDES DE CAS SUR LA GUÉRISON MENTALE

Pour démontrer davantage l'efficacité de ces techniques, examinons quelques **études de cas** où des individus ont connu des améliorations remarquables grâce à des pratiques d'auto-guérison.

Étude de cas 1 : Le parcours de Sarah vers la guérison de l'arthrite

Sarah, 52 ans, mère de trois enfants, souffrait depuis plus de dix ans **d'arthrite sévère** aux genoux. La douleur limitait sa mobilité et l'empêchait de pratiquer les activités qu'elle aimait. Les médicaments lui apportaient un certain soulagement, mais les effets secondaires étaient souvent accablants. Une amie lui a fait découvrir la méthode Silva et Sarah a décidé d'essayer les **techniques de visualisation** pour se soigner.

Chaque matin, Sarah s'asseyait tranquillement et entrait dans un état de relaxation profonde. Elle imaginait ses genoux remplis d'une lumière chaude et dorée. Dans son esprit, cette lumière **calmait**

l'inflammation , réduisait le gonflement et redonnait de la souplesse à ses articulations. Elle se visualisait en train de marcher librement, sans douleur, et même de faire du jogging dans son parc préféré.

Après plusieurs semaines de pratique régulière, Sarah a constaté une diminution significative de ses douleurs. Ses médecins ont été étonnés de cette amélioration. Même si l'arthrite n'avait pas complètement disparu, Sarah se sentait plus autonome et en contrôle de sa santé. Elle a continué à utiliser la visualisation et, au fil du temps, sa mobilité a augmenté, ce qui lui a permis de reprendre bon nombre de ses activités normales.

Étude de cas 2 : Le rétablissement de Mark après une opération chirurgicale

Mark, un ouvrier du bâtiment de 35 ans, a subi **une opération du dos** après une blessure liée à son travail. Le processus de guérison a été lent et douloureux, et il craignait de ne pas pouvoir retrouver ses forces. Au cours de sa convalescence, Mark a découvert les techniques d'auto-guérison de la méthode Silva et a décidé de les intégrer à sa routine quotidienne.

Chaque soir avant de se coucher, Mark visualisait mentalement les muscles de son dos en train de guérir et de se renforcer. Il imaginait que le tissu cicatriciel s'estompait, que les muscles se régénéraient et que sa colonne vertébrale s'alignait parfaitement. Il utilisait ces visualisations pour concentrer son esprit sur le processus de guérison plutôt que sur la douleur.

Après seulement quelques mois de pratique de la visualisation, la guérison de Mark a dépassé les attentes de son médecin. Non seulement il a guéri plus vite que prévu, mais il a aussi retrouvé force et mobilité beaucoup plus rapidement. Il attribue à son **imagerie mentale** le mérite de l'avoir aidé à rester positif et concentré sur sa guérison.

EXEMPLE : UN EXERCICE DE VISUALISATION GUIDÉE D'AUTO-GUÉRISON

Maintenant que nous avons discuté du pouvoir de la visualisation, mettons-la en pratique. Vous trouverez ci-dessous un **exercice de visualisation d'auto-guérison guidé** que vous pouvez utiliser pour améliorer votre santé. Cet exercice est conçu pour être simple et efficace, et vous pouvez l'adapter pour vous concentrer sur n'importe quelle zone de votre corps qui a besoin de guérison.

Étape 1 : Trouvez un endroit calme

Commencez par trouver un **endroit calme et confortable** où vous ne serez pas dérangé. Asseyez-vous ou allongez-vous dans une position détendue et fermez les yeux. Prenez quelques respirations profondes, en inspirant lentement par le nez et en expirant par la bouche. À chaque respiration, sentez votre corps se détendre et se libérer des tensions.

Étape 2 : Concentrez-vous sur la relaxation

Une fois que vous vous sentez détendu, portez votre attention sur votre **respiration** . Imaginez que chaque respiration que vous prenez remplit votre corps de détente. En inspirant, imaginez que votre corps se remplit d'une lumière douce et apaisante. En expirant, imaginez que tout le stress et la tension quittent votre corps. Continuez ainsi pendant quelques instants jusqu'à ce que vous vous sentiez complètement calme.

Étape 3 : Visualisez la zone nécessitant une guérison

Ensuite, concentrez-vous sur la zone de votre corps qui a besoin de guérison. Il peut s'agir d'un organe spécifique, d'un muscle ou même d'une zone générale comme votre **système immunitaire** . Visualisez clairement cette zone dans votre esprit. Imaginez les cellules de cette zone travaillant ensemble en parfaite harmonie, réparant les dommages éventuels et rétablissant la santé.

Par exemple, si vous vous concentrez sur **la santé digestive** , vous pouvez imaginer votre estomac et vos intestins baignés d'une lumière chaude et apaisante. Observez les cellules se régénérer et fonctionner sans problème. Imaginez que votre système digestif fonctionne parfaitement, sans gêne ni douleur.

Étape 4 : Entourez la zone avec une lumière de guérison

Imaginez maintenant une lumière vive et rayonnante qui pénètre dans votre corps par le haut. Cette lumière peut être de n'importe quelle couleur qui vous semble apaisante : or, blanc, bleu ou vert. Voyez la lumière couler vers le bas dans la zone sur laquelle vous vous concentrez, la remplissant de chaleur, d'énergie et de guérison.

Imaginez la lumière dissoudre tous les blocages, éliminer la douleur et rétablir l'équilibre.

En visualisant cela, vous pouvez aussi vous imaginer en bonne santé et dynamique. Imaginez-vous en train de bouger librement, sans douleur ni inconfort. Ressentez la joie et le soulagement d'être en parfaite santé.

Étape 5 : Maintenez la visualisation pendant plusieurs minutes

Gardez cette image en tête pendant **5 à 10 minutes** . Concentrez-vous sur la sensation de guérison et de bien-être. Si votre esprit commence à vagabonder, ramenez-le doucement à la visualisation. Ayez confiance que votre corps réagit aux signaux que votre esprit envoie.

Étape 6 : Terminez avec gratitude

Lorsque vous êtes prêt à terminer, prenez quelques respirations profondes supplémentaires. En respirant, ressentez un sentiment de **gratitude** envers votre corps et sa capacité à guérir. Merci d'avoir pris le temps de vous concentrer sur votre santé. Ouvrez lentement les yeux et prenez un moment pour réfléchir à ce que vous ressentez.

En pratiquant régulièrement cette **visualisation d'auto-guérison** , vous pouvez aider votre corps à se remettre d'une maladie, à réduire la douleur et à maintenir un état de bien-être. Comme pour toute autre compétence, plus vous la pratiquez, plus elle devient efficace. Avec le temps, vous commencerez à remarquer les avantages de l'exploitation du potentiel de guérison naturel de l'esprit.

CHAPITRE 6

RÉSOLUTION DE PROBLÈMES À L'AIDE DE LA MÉTHODE SILVA

La vie nous lance d'innombrables défis et, parfois, nous avons l'impression que les solutions sont hors de portée. Qu'il s'agisse d'un problème personnel, d'un dilemme professionnel ou même d'un problème de santé, nous sommes tous confrontés à des moments où la clarté est difficile à trouver. La méthode Silva propose des outils pour aborder ces problèmes avec un **esprit calme et clair** , nous permettant d'exploiter notre potentiel plus profond de **résolution de problèmes** . Dans ce chapitre, nous explorerons comment la méthode Silva nous permet d'utiliser notre **subconscient** pour découvrir des solutions et partagerons l'histoire de quelqu'un qui a réussi à résoudre un défi important en appliquant ces techniques.

COMMENT ABORDER LES PROBLÈMES AVEC UN ESPRIT CLAIR

Lorsque vous êtes confronté à un problème difficile, votre esprit peut être encombré par l'inquiétude, le doute et la frustration. Ce brouillard mental vous empêche souvent de voir clairement la situation et de trouver des solutions efficaces. La méthode Silva enseigne qu'en apaisant l' **esprit conscient** et en accédant au **subconscient** , vous pouvez libérer la créativité et la perspicacité nécessaires pour résoudre les problèmes plus efficacement.

Imaginez votre esprit conscient comme une radio, constamment réglée sur une station de pensées, de distractions et de bruits extérieurs. Bien que cette station fournisse les informations nécessaires, elle peut également vous submerger lorsqu'il est temps de vous concentrer sur un seul problème. Le **subconscient**, quant à lui, opère à un niveau plus profond. C'est comme régler la radio sur une station plus calme et plus claire où vos pensées peuvent circuler librement et où l'intuition peut émerger. La méthode Silva enseigne comment accéder à cette station plus calme grâce à **la relaxation**, **à la visualisation** et à des techniques spécifiques de résolution de problèmes.

Pour aborder les problèmes avec un esprit clair, il est essentiel d'apprendre à gérer le stress. Comme nous l'avons vu dans les chapitres précédents, le stress obscurcit le jugement et limite la pensée créative. Lorsque vous êtes stressé, votre cerveau fonctionne en **mode survie**, ce qui rend difficile l'accès à la **réflexion de niveau supérieur** nécessaire à la résolution de problèmes complexes. Grâce à **des exercices de relaxation profonde**, qui sont au cœur de la méthode Silva, vous pouvez calmer votre esprit, réduire le stress et créer un environnement mental propice à la résolution de problèmes.

Un autre aspect important de la résolution de problèmes est la capacité à rompre avec **la pensée linéaire**. Souvent, lorsque nous sommes confrontés à un problème, nous essayons de le résoudre étape par étape, en nous appuyant uniquement sur la logique et les expériences passées. Bien que la logique soit précieuse, elle peut parfois limiter notre réflexion. La méthode Silva vous encourage à aborder les problèmes sous **plusieurs angles** et à faire appel à votre **intuition** pour trouver des solutions innovantes qui ne sont pas forcément évidentes au premier abord. Cette approche vous permet de voir au-delà de la surface d'un problème et de découvrir des réponses plus profondes, souvent plus simples.

LE RÔLE DU SUBCONSCIENT DANS LA RÉSOLUTION DE PROBLÈMES

Le **subconscient** est une force puissante lorsqu'il s'agit de résoudre des problèmes, mais beaucoup d'entre nous ne comprennent pas pleinement comment exploiter son potentiel. La méthode Silva enseigne que le subconscient travaille constamment en coulisses, traite les informations, établit des connexions et fournit des informations que notre esprit conscient peut manquer.

Pensez à la dernière fois où vous avez eu un moment « aha ». Vous étiez peut-être sous la douche, en train de conduire ou en train de faire quelque chose sans rapport avec le problème en cours lorsque soudain, la solution vous est venue à l'esprit. C'est votre subconscient qui est à l'œuvre. Il traite le problème en arrière-plan et vous présente la réponse lorsque votre esprit conscient est détendu et ouvert.

La méthode Silva vous permet de participer activement à ce **processus subconscient** . En entrant dans un état de relaxation et de méditation et en vous concentrant sur un problème, vous pouvez signaler à votre subconscient que vous recherchez une solution. Votre subconscient travaille alors en coulisses pour analyser le problème, présentant souvent des solutions sous forme d' **intuitions** ou d'idées créatives.

technique des trois doigts est une technique de la méthode Silva qui aide à résoudre les problèmes . Il s'agit d'une méthode simple mais efficace pour puiser dans votre subconscient chaque fois que vous avez besoin de vous concentrer sur un problème ou de prendre une décision importante. Voici comment cela fonctionne :

- **état alpha** détendu (comme enseigné dans la méthode Silva).

- Ensuite, visualisez mentalement le problème ou la décision à laquelle vous êtes confronté.

- En faisant cela, rapprochez les extrémités de votre index, de votre majeur et de votre pouce sur une main.

- Ce geste physique sert d'ancrage mental qui vous relie à votre **subconscient** .

- En touchant vos doigts, visualisez-vous en train de recevoir la solution à votre problème ou de prendre la bonne décision.

En pratiquant cette technique régulièrement, vous entraînez votre subconscient à répondre à ce geste, vous aidant ainsi à résoudre les problèmes rapidement et efficacement.

<u>TÉMOIGNAGE : QUELQU'UN QUI A RÉSOLU UN PROBLÈME DIFFICILE GRÂCE À LA MÉTHODE SILVA</u>

Prenons un exemple concret de la manière dont la méthode Silva peut être utilisée pour résoudre un problème de taille. Rencontrez **Lara** , une responsable marketing qui s'est retrouvée dans une impasse dans sa carrière. Après des années de succès, elle s'est retrouvée face à un énorme **dilemme professionnel** : son entreprise réduisait ses effectifs et elle devait prendre une décision cruciale : conserver un poste moins intéressant ou quitter l'entreprise.

Lara se sentait coincée. Elle était **émotionnellement attachée** à son travail, mais elle craignait aussi l'incertitude liée à son départ. Elle avait beau peser le pour et le contre, elle n'arrivait pas à prendre une décision qui lui semblait juste. Plus elle y réfléchissait, plus elle était stressée et confuse.

C'est à ce moment-là qu'un collègue a présenté à Lara la méthode Silva. Elle a décidé de l'essayer, espérant qu'elle pourrait lui apporter la clarté dont elle avait besoin. Elle a commencé à pratiquer quotidiennement les techniques de relaxation et de visualisation, en se concentrant spécifiquement sur son dilemme professionnel. Chaque jour, elle entrait dans un état de relaxation profonde et se visualisait en train de prendre la meilleure décision possible, celle qui correspondait à ses objectifs et à ses valeurs.

Au cours de ces séances, Lara a commencé à comprendre que son indécision était due à **sa peur de l'inconnu** . Les techniques de visualisation l'ont aidée à affronter ces peurs de manière calme et concentrée. Elle s'est imaginée prospère dans les deux scénarios : rester dans son entreprise et saisir de nouvelles opportunités. Cela lui a permis de voir la situation d'un point de vue plus équilibré.

Après quelques semaines de pratique, Lara a fait une percée. Au cours d'une de ses séances de visualisation, une idée intuitive lui est venue : elle pourrait négocier un **contrat de conseil en freelance** avec son entreprise. Cette option ne lui était pas venue à l'esprit auparavant, mais elle lui semblait être la solution idéale. Elle pourrait rester en contact avec l'entreprise, travailler sur des projets qu'elle aimait et avoir la liberté de poursuivre d'autres opportunités de carrière.

Lara a présenté l'idée à son manager, et elle a accepté. Non seulement elle s'est créée un nouveau rôle, mais elle a également découvert un cheminement de carrière qu'elle n'avait pas envisagé auparavant. Aujourd'hui, Lara dirige une entreprise de conseil prospère et elle attribue à la méthode Silva le mérite de l'avoir aidée à trouver la clarté et la confiance nécessaires pour prendre la bonne décision.

La méthode Silva est bien plus qu'une simple pratique de relaxation ou de méditation. C'est un moyen de **clarifier l'esprit**, d'exploiter le pouvoir du **subconscient** et de trouver des solutions créatives aux problèmes les plus difficiles. Que vous soyez confronté à un dilemme professionnel comme Lara, à un problème personnel difficile ou que vous essayiez simplement de naviguer dans les complexités quotidiennes de la vie, ces techniques peuvent vous guider vers des réponses qui correspondent à votre véritable moi.

En apprenant à accéder à cette **sagesse intérieure** , vous devenez non seulement un meilleur résolveur de problèmes, mais vous développez également un plus grand sentiment de paix et de sens dans votre vie.

TECHNIQUES PRATIQUES DE RÉSOLUTION DE PROBLÈMES

Maintenant que nous comprenons le pouvoir du subconscient dans la résolution des problèmes, explorons quelques **techniques pratiques** que vous pouvez utiliser pour appliquer cela dans votre propre vie. Ces techniques vous aideront **à surmonter les obstacles** et à trouver des solutions aux défis, qu'ils soient liés au travail, aux relations, à la santé ou aux objectifs personnels. En utilisant une combinaison de **visualisation** et **d'intuition** , vous pouvez aborder les problèmes avec plus de clarté et de confiance.

VISUALISATION ET TECHNIQUES INTUITIVES POUR SURMONTER LES OBSTACLES

La visualisation est l'un des outils les plus efficaces pour résoudre les problèmes selon la méthode Silva. Lorsque vous visualisez, vous créez une **image mentale** du problème et du résultat souhaité. Cela permet non seulement d'engager votre **subconscient** , mais également d'aligner votre esprit conscient sur une solution claire.

La clé est de visualiser non seulement le problème mais aussi les **étapes menant à une solution** . Plutôt que de vous concentrer uniquement sur le défi lui-même, vous devez vous voir en train de **le résoudre activement** . Cela permet à votre cerveau de répéter le processus de dépassement de l'obstacle, ce qui augmente vos chances de trouver une solution concrète.

Par exemple, imaginons que vous êtes confronté à un **problème financier** . Vous vous sentez peut-être dépassé et incertain de la marche à suivre. Grâce à la visualisation, vous pouvez vous imaginer résoudre le problème étape par étape. Vous pouvez vous imaginer en train de créer un budget, de négocier une augmentation ou de trouver de nouvelles façons de générer des revenus. En vous visualisant mentalement en train de prendre ces mesures, vous commencerez à vous sentir plus confiant et plus en mesure de vous attaquer au problème dans la vie réelle.

Voici une **technique simple** que vous pouvez essayer :

1. **Détendez-vous et entrez dans l'état alpha** : Tout d'abord, prenez quelques instants pour vous détendre. Fermez les yeux, respirez profondément et calmez votre esprit. Cela vous aidera à entrer dans l' **état alpha** , où votre subconscient est plus accessible.

2. **Visualisez le problème** : Une fois que vous êtes détendu, visualisez le problème auquel vous faites face. Soyez précis. Quel est le défi ? Comment vous sentez-vous ? Quels obstacles se dressent sur votre chemin ? En identifiant clairement le problème, vous faites déjà le premier pas vers sa résolution.

3. **Visualisez le résultat souhaité** : Ensuite, concentrez-vous sur la **solution** . Imaginez à quoi cela ressemblerait si

le problème était résolu. Comment vous sentiriez-vous ? Quelles mesures prendriez-vous ? Imaginez-vous surmonter le défi avec facilité et confiance.

4. **Visualisez le processus** : Ne passez pas simplement d'un problème à une solution. Visualisez les **étapes** que vous devez suivre pour y parvenir. Par exemple, si vous avez un problème de santé, vous pourriez vous imaginer en train de manger plus sainement, de faire de l'exercice ou de recevoir des résultats positifs aux tests d'un médecin. Plus votre visualisation est détaillée, plus elle sera efficace.

5. **Réaffirmez votre foi dans la solution** : En visualisant le processus et le résultat, **affirmez-vous** qu'une solution est à portée de main. Répétez une affirmation positive comme « J'ai le pouvoir de surmonter ce défi » ou « La solution est déjà en route vers moi ».

En utilisant cette technique, vous sollicitez à la fois votre **esprit logique** et votre **subconscient** , leur permettant de travailler ensemble pour trouver des solutions. Plus vous pratiquez, plus vous parviendrez à visualiser les solutions aux problèmes, quelle que soit leur ampleur.

EXEMPLE : GUIDEZ LE LECTEUR DANS LA VISUALISATION D'UNE SOLUTION À UN DÉFI ACTUEL

Examinons un exercice de visualisation en temps réel que vous pouvez utiliser dès maintenant pour résoudre un problème actuel. Pensez à un défi auquel vous êtes actuellement confronté dans votre vie. Il peut s'agir de n'importe quoi, d'un problème relationnel à une décision de carrière ou à un problème de santé. Prenez un moment pour vous concentrer sur ce problème et passons ensemble en revue ce processus de visualisation.

Étape 1 : Détendez-vous et installez-vous confortablement

Trouvez un endroit calme où vous ne serez pas dérangé pendant quelques minutes. Asseyez-vous ou allongez-vous dans une position confortable, fermez les yeux et respirez profondément par le nez. Retenez votre respiration pendant quelques secondes, puis expirez lentement par la bouche. Répétez cette respiration profonde plusieurs fois jusqu'à ce que vous sentiez que vous commencez à vous détendre.

Maintenant, concentrez-vous sur votre corps. Commencez par détendre vos **muscles** , en commençant par vos pieds et en remontant jusqu'à votre tête. Sentez toute tension dans votre corps disparaître tandis que vous détendez consciemment chaque partie.

En vous relaxant, laissez votre esprit ralentir. Si des pensées gênantes surgissent, reconnaissez-les et laissez-les s'envoler. C'est le moment de vous concentrer sur **la résolution de vos problèmes** .

Étape 2 : Visualisez le problème

Une fois que vous êtes dans un état de détente, imaginez le **problème** auquel vous êtes confronté. Voyez-le. Quel est le défi spécifique ? Est-il lié au travail, à la famille ou à vos objectifs personnels ? Comment vous sentez-vous ? Y a-t-il des obstacles spécifiques qui semblent se dresser sur votre chemin ?

Par exemple, imaginons que votre problème soit lié à une **décision de carrière** . On vous a proposé un nouvel emploi, mais vous n'êtes pas sûr que ce soit la bonne décision pour vous. Visualisez la décision dans votre esprit. Vous voyez l' **offre d'emploi** devant vous, mais vous voyez aussi l'incertitude et l'hésitation qui vous empêchent de prendre une décision.

Étape 3 : Visualisez le résultat souhaité

Maintenant, imaginez à quoi cela ressemblerait si ce problème était résolu. Que ressentiriez-vous si vous preniez la bonne décision ? À quoi ressemblerait votre vie si ce défi était derrière vous ? Soyez aussi précis que possible.

Dans l'exemple de la décision de carrière, vous pouvez vous imaginer en train d'accepter l'offre d'emploi et de vous épanouir dans ce nouveau rôle. Vous vous sentez confiant et épanoui dans votre travail. Vous êtes entouré de collègues qui vous soutiennent et vous êtes enthousiasmé par les opportunités qui s'offrent à vous.

Ou bien, vous pouvez vous imaginer décliner l'offre et rester dans votre emploi actuel, où vous continuez à progresser et à exceller. Vous vous sentez en paix avec votre décision, sachant que c'était la bonne pour vous.

Étape 4 : Visualisez le processus

Maintenant, visualisez les **étapes** que vous suivriez pour résoudre le problème. Pour la décision de carrière, vous pourriez vous imaginer en train de parler à des mentors, de recueillir plus d'informations sur le nouveau rôle et de peser le pour et le contre. Vous pourriez également vous imaginer en train de réfléchir à vos objectifs et à vos valeurs pour voir comment le nouvel emploi s'y adapte.

En visualisant ces étapes, imaginez-vous en train de vous sentir **clair et confiant**. Vous savez exactement quoi faire pour résoudre le problème et vous agissez facilement. Qu'il s'agisse de négocier l'offre d'emploi, de demander conseil ou de prendre une décision finale, vous vous sentez capable d'avancer.

Étape 5 : Réaffirmez votre croyance dans la solution

Une fois que vous avez fini de visualiser la solution, prenez un moment pour réaffirmer votre **croyance en votre capacité** à résoudre ce problème. Dites-vous, à voix haute ou dans votre esprit : « Je suis capable de surmonter ce défi » ou « La solution est déjà en route vers moi ».

Ouvrez les yeux et emportez ce sentiment de confiance et de clarté avec vous tout au long de votre journée. Ayez confiance que votre **subconscient** travaille sur le problème, même lorsque vous n'y pensez pas activement.

En utilisant **la visualisation** et en faisant appel à votre **intuition**, vous constaterez que la résolution de problèmes devient un processus plus naturel et plus efficace. Vous pouvez appliquer cette technique à n'importe quel défi de votre vie, qu'il s'agisse d'un petit obstacle ou d'une décision de vie majeure. Au fur et à mesure que vous pratiquerez, vous gagnerez en confiance dans votre capacité à trouver des solutions et vous commencerez à voir comment votre esprit détient la clé pour surmonter presque tous les problèmes.

CHAPITRE 7

APPLIQUER LA MÉTHODE SILVA À LA VIE QUOTIDIENNE

La beauté de la méthode Silva réside dans sa **flexibilité** et dans la façon dont elle peut être appliquée à de nombreux domaines différents de votre vie. Qu'il s'agisse d'améliorer vos **relations** , de dynamiser votre **carrière** , de favoriser **la créativité** ou de favoriser **votre réussite personnelle** , la méthode Silva propose des outils pratiques pour vous aider à exploiter le pouvoir de votre esprit. En appliquant les techniques que vous avez apprises, telles que **la visualisation mentale** , **la relaxation** et **l'intuition** , vous pouvez créer de réels changements positifs dans vos expériences quotidiennes.

Découvrons ensemble comment la méthode Silva peut transformer des domaines clés de la vie. Tout au long de cette section, nous partagerons également des **témoignages inspirants** de personnes qui ont utilisé la méthode Silva pour surmonter des défis et réussir.

RELATIONS

Les relations, qu'elles soient personnelles ou professionnelles, peuvent être à la fois enrichissantes et difficiles. La **méthode Silva** propose des moyens pratiques pour améliorer les relations en vous aidant à gérer vos émotions, à améliorer votre communication et à développer **votre empathie** . L'une des techniques les plus puissantes que vous pouvez utiliser dans ce domaine est **la visualisation mentale** .

Lorsqu'on est confronté à des problèmes relationnels, il est facile de se laisser emporter par le feu de l'action et de réagir par émotion plutôt que par clarté. La visualisation peut vous aider **à répéter** mentalement des conversations ou des situations avant qu'elles ne se produisent, vous permettant ainsi de les aborder avec **calme** et **confiance** . En vous voyant interagir avec les autres de manière positive et constructive, vous préparez à la fois votre esprit conscient et subconscient à un résultat positif.

Imaginez par exemple que vous êtes sur le point d'avoir une conversation difficile avec un membre de votre famille. Au lieu de vous sentir dépassé ou anxieux, vous pouvez utiliser la méthode Silva pour visualiser le déroulement de la conversation. Vous pouvez vous imaginer parler calmement, exprimer clairement vos pensées et écouter l'autre personne avec empathie. En procédant ainsi, vous aurez plus de chances de gérer la situation avec **grâce** et **compréhension** dans la vie réelle.

TÉMOIGNAGE : GUÉRIR UNE RELATION GRÂCE À LA VISUALISATION

Prenons l'histoire de Laura. Elle vivait **des tensions** avec son fils adolescent. Ils se disputaient souvent et leur communication était rompue. Frustrée, elle a décidé d'appliquer ce qu'elle avait appris grâce à la méthode Silva. Elle a commencé à visualiser leurs conversations se dérouler différemment. Au lieu de tensions, elle les imaginait tous les deux parler calmement et comprendre le point de vue de l'autre.

Au fil du temps, Laura a remarqué que son approche des conversations devenait plus détendue, tout comme celle de son fils. La pratique de la **visualisation des résultats positifs** a changé son attitude, ce qui a amélioré leur communication. Sa relation avec son fils a commencé à se régénérer et ils ont pu se connecter à un niveau plus profond.

CARRIÈRE ET RÉUSSITE

La méthode Silva est également un outil puissant pour réussir **sa carrière** . Que vous cherchiez un nouvel emploi, une promotion ou que vous souhaitiez améliorer vos performances, les **techniques d'entraînement mental** de la méthode Silva peuvent vous aider à libérer tout votre potentiel.

L'une des clés de la réussite professionnelle est **de se fixer des objectifs** . En utilisant **l'imagerie mentale** , vous pouvez vous voir atteindre les objectifs de carrière que vous vous êtes fixés. Cette répétition mentale vous aide à vous sentir plus confiant et plus compétent, ce qui est souvent le chaînon manquant pour réussir.

Par exemple, avant un entretien d'embauche, vous pouvez vous visualiser en train de répondre à des questions avec assurance, de faire bonne impression et de décrocher le poste. Ou si vous travaillez sur un gros projet, vous pouvez vous imaginer en train de le mener à bien et d'être reconnu pour votre travail. Plus vous pratiquerez ces visualisations, plus vos actions seront alignées sur les résultats souhaités.

TÉMOIGNAGE : RÉUSSIR SA CARRIÈRE GRÂCE À LA VISUALISATION

Tom était cadre intermédiaire dans son entreprise. Il se sentait coincé et ne savait pas comment faire avancer sa carrière. Après avoir assisté à un séminaire de la méthode Silva, il a décidé d'appliquer ses **techniques de visualisation** à sa situation. Chaque matin, il se visualisait en train d'être promu et d'assumer davantage de responsabilités. Il s'imaginait faire des présentations, diriger des équipes et gérer avec succès de nouveaux projets.

En quelques mois, le patron de Tom a remarqué qu'il **avait gagné en confiance** et en leadership. Il a eu plus d'opportunités de diriger des projets et a finalement été promu à un poste de direction. Tom attribue à la méthode Silva le mérite de l'avoir aidé **à surmonter ses barrières mentales** et à atteindre ses objectifs de carrière.

CRÉATIVITÉ ET INNOVATION

La créativité est un domaine dans lequel la méthode Silva excelle vraiment. En entraînant votre esprit à accéder à des niveaux de pensée plus profonds, vous pouvez puiser dans une source d' **idées innovantes** et **de solutions créatives** . Que vous soyez un artiste, un écrivain, un homme d'affaires ou une personne cherchant à apporter plus de créativité dans votre vie, la méthode Silva peut vous aider à libérer votre **potentiel imaginatif** .

Grâce à des techniques comme **la visualisation créative** et **l'imagerie guidée** , vous pouvez entraîner votre cerveau à aborder les défis de manière nouvelle. Par exemple, si vous travaillez sur un projet créatif et que vous vous sentez bloqué, vous pouvez vous visualiser en train de progresser dans le processus créatif en toute simplicité. Imaginez-vous générer de nouvelles idées, expérimenter différentes approches et, finalement, terminer le projet avec succès.

TÉMOIGNAGE : STIMULER LA CRÉATIVITÉ AVEC LA MÉTHODE SILVA

Samantha, graphiste, était aux prises avec **un blocage créatif** . Elle manquait d'inspiration et n'arrivait pas à proposer de nouvelles idées à ses clients. Après avoir appris la méthode Silva, elle a commencé à pratiquer **des visualisations créatives quotidiennes** . Elle s'imaginait en train de réfléchir à de nouveaux concepts et de concevoir des graphismes uniques que ses clients adoraient.

En peu de temps, Samantha a remarqué un changement significatif. Sa créativité s'est développée plus facilement et elle a commencé à produire certaines de ses meilleures œuvres jusqu'à présent. Le blocage mental qu'elle ressentait a disparu et elle a attribué à la méthode Silva le mérite de l'avoir aidée à accéder à un nouveau niveau de **créativité et d'innovation** .

TÉMOIGNAGES : HISTOIRES DE RÉUSSITE DE PERSONNES AYANT APPLIQUÉ LA MÉTHODE SILVA

Les histoires que nous avons partagées jusqu'à présent ne sont que quelques exemples de la façon dont la méthode Silva a aidé des personnes dans divers domaines de la vie. Voici quelques témoignages supplémentaires pour illustrer le pouvoir de ces techniques :

Témoignage 1 : Surmonter les défis financiers

John était confronté à de graves **difficultés financières** et ne savait pas comment il allait pouvoir joindre les deux bouts. Il se sentait anxieux et découragé. Après avoir découvert la méthode Silva, il a décidé d'essayer **la visualisation** pour améliorer sa situation. Chaque jour, il se visualisait en sécurité financière, disposant de suffisamment d'argent pour couvrir ses dépenses et même en épargnant pour l'avenir.

En poursuivant cette pratique, John a vu de nouvelles opportunités s'ouvrir à lui. Il a reçu une offre d'emploi avec un meilleur salaire et a commencé à gérer ses finances plus efficacement. En un an, la situation financière de John s'est complètement améliorée. Il attribue son succès à la **clarté et à la confiance** qu'il a acquises grâce à l'utilisation de la méthode Silva.

Témoignage 2 : Améliorer le bien-être émotionnel

Maria souffrait d' **anxiété** depuis des années. Elle se sentait souvent dépassée et n'arrivait pas à se détendre, même lorsqu'elle avait du temps pour elle. Après avoir essayé diverses méthodes pour gérer son anxiété, une amie lui a fait découvrir la méthode Silva. Grâce à des exercices quotidiens **de méditation** et **de relaxation** , Maria a commencé à se sentir plus calme et plus enracinée.

L'une des techniques qui lui a été la plus utile était **la visualisation mentale** . Elle se visualisait dans un environnement paisible, entourée de nature, et se sentant détendue. Au fil du temps, Maria a remarqué que son niveau d'anxiété avait diminué et elle a commencé à profiter davantage de la vie. La méthode Silva l'a aidée à retrouver un sentiment de **paix intérieure** qu'elle n'avait pas connu depuis des années.

Dans ces exemples, la méthode Silva s'est avérée être un **outil transformateur** pour des personnes de tous horizons. Qu'il s'agisse d'améliorer les relations, de réussir sa carrière, de renforcer sa créativité ou de trouver un bien-être émotionnel, la méthode Silva propose des techniques pratiques pour vous aider à créer la vie que vous désirez. En appliquant ces outils à votre vie quotidienne, vous pouvez libérer tout votre potentiel et profiter des puissants avantages de la maîtrise mentale.

La **méthode Silva** est connue pour ses applications pratiques qui peuvent améliorer la vie quotidienne. En exploitant le pouvoir de votre esprit, vous pouvez appliquer ses techniques à pratiquement n'importe quelle situation, créant ainsi des améliorations significatives dans divers aspects de votre vie. Voici quelques **exemples** et applications de la vie réelle qui démontrent comment la méthode Silva peut être utilisée pour relever des défis courants et améliorer les expériences quotidiennes.

1. Améliorer la concentration et la productivité au travail

Exemple : surmonter les distractions

De nombreuses personnes ont du mal à rester concentrées, surtout dans le monde trépidant d'aujourd'hui, rempli de distractions constantes. Sarah, une professionnelle du marketing, s'est retrouvée à procrastiner et incapable de se concentrer sur des tâches importantes. Après avoir appris la méthode Silva, elle a commencé à utiliser **la visualisation mentale** avant de commencer sa journée de travail. Chaque matin, elle passait quelques minutes à se visualiser, à rester concentrée, à accomplir ses tâches efficacement et à ressentir un sentiment d'accomplissement à la fin de la journée.

Grâce à une pratique régulière, Sarah a constaté une amélioration significative de sa productivité. Elle a pu mieux **gérer son temps** et terminer ses projets plus tôt que prévu. En entraînant son esprit à rester concentrée, elle a surmonté ses distractions et est devenue plus efficace dans son travail.

2. Améliorer la santé et le bien-être

Exemple : Réduire le stress pour une meilleure santé

Le stress est un facteur majeur de nombreux problèmes de santé, tant physiques que mentaux. Tom, un cadre d'entreprise très stressé, était confronté à **l'épuisement** professionnel. Il se sentait souvent dépassé, anxieux et physiquement épuisé. Après avoir découvert la méthode Silva, il a commencé à pratiquer quotidiennement des exercices **de méditation** et **de relaxation profonde** . Il visualisait son corps se détendre et guérir de l'intérieur, imaginant un esprit calme et un corps sain.

En quelques semaines, le niveau de stress de Tom a diminué et il a commencé à se sentir plus énergique et plus lucide. Il a même remarqué des améliorations dans sa santé physique, comme une baisse de la tension artérielle et moins de maux de tête. La méthode Silva l'a aidé à rétablir l'équilibre dans sa vie, ce qui lui a permis d'améliorer sa santé générale.

3. Manifester la réussite professionnelle

Exemple : Obtenir une offre d'emploi

Jessica, une jeune diplômée, avait du mal à trouver un emploi dans le domaine de son choix. Elle a postulé à plusieurs postes mais s'est sentie découragée après avoir essuyé de nombreux refus. Déterminée à ne pas abandonner, Jessica s'est tournée vers la méthode Silva et a commencé à pratiquer **la visualisation pour se fixer des objectifs** . Elle s'imaginait mentalement être convoquée pour un entretien, réussir le processus et finalement recevoir une offre d'emploi.

Quelques semaines plus tard, Jessica a été invitée à un entretien pour l'emploi de ses rêves. Se sentant plus confiante grâce à ses visualisations, elle a excellé lors de l'entretien et s'est vu offrir le poste. En utilisant la méthode Silva pour **répéter mentalement le succès** , Jessica a transformé son état d'esprit et a atteint son objectif.

4. Renforcer les relations

Exemple : Résoudre un conflit

Les conflits interpersonnels peuvent être émotionnellement épuisants, surtout dans les relations étroites. Mark vivait des tensions constantes avec sa femme en raison de malentendus et de problèmes non résolus. Après avoir appris la méthode Silva, Mark a décidé d'utiliser **la répétition mentale** pour améliorer leur communication. Il a visualisé des conversations futures où ils parleraient tous les deux calmement et ouvertement, comprenant les points de vue de l'autre sans se mettre sur la défensive.

Au fil du temps, Mark a remarqué un changement dans leurs interactions. Il a abordé les discussions avec un **cœur plus ouvert** et **moins de charge émotionnelle** , ce qui a contribué à apaiser les disputes. Sa femme, à son tour, est devenue plus réceptive et ils ont commencé à mieux communiquer. En se préparant mentalement à des conversations pacifiques, Mark a pu **renforcer** sa relation.

5. Stimuler la créativité

Exemple : Trouver l'inspiration créative

La créativité peut souvent sembler bloquée, surtout lorsqu'on est sous pression pour trouver de nouvelles idées. Lisa, une artiste, était aux prises avec un manque d'inspiration et souffrait d'un manque de créativité. Elle a décidé d'appliquer les **techniques de visualisation créative de la méthode Silva** pour trouver de nouvelles idées. Chaque matin, elle passait du temps à se visualiser en train de peindre librement, à expérimenter de nouvelles techniques et à se sentir inspirée par son travail.

Après avoir pratiqué ces visualisations de manière constante, Lisa a commencé à sentir sa créativité revenir. De nouvelles idées ont surgi sans effort et elle a commencé à créer certaines de ses œuvres les plus inspirées. En faisant appel à son subconscient grâce à la méthode Silva, elle a surmonté son blocage créatif et est revenue à son **flux artistique** .

6. Surmonter la peur et l'anxiété

Exemple : faire face à l'anxiété liée à la prise de parole en public

Parler en public est une peur commune à beaucoup de gens. Jason, directeur commercial, a toujours eu **le trac** et l'anxiété avant de prendre la parole devant un groupe. Déterminé à surmonter cette peur, il a commencé à utiliser les techniques **de visualisation** et **de relaxation de la méthode Silva** . Avant chaque présentation, Jason répétait mentalement son discours, s'imaginant parler avec assurance et captivant l'auditoire.

Il a également pratiqué des techniques **de relaxation profonde** pour calmer son esprit et son corps avant de monter sur scène. Au fil du temps, Jason a remarqué que son anxiété diminuait et qu'il commençait à se sentir plus à l'aise pour parler devant de grands groupes. En appliquant systématiquement la méthode Silva, il a vaincu sa peur de parler en public et a amélioré ses performances professionnelles.

7. Améliorer les performances sportives

Exemple : Améliorer l'endurance physique

Les athlètes comptent souvent sur leur force mentale pour donner le meilleur d'eux-mêmes. Emma, une coureuse de fond, a dû faire face à **des doutes** pendant ses courses, ce qui a affecté ses performances. Après avoir participé à un atelier de la méthode Silva, elle a décidé d'intégrer **la visualisation mentale** à sa routine d'entraînement. Elle a commencé à se visualiser en train de courir sans effort, de surmonter la douleur physique et de franchir la ligne d'arrivée avec un meilleur temps personnel.

L'entraînement mental d'Emma a porté ses fruits. Lors de sa course suivante, elle s'est sentie plus concentrée et déterminée que jamais. Elle a pu repousser ses limites physiques et battre un nouveau record personnel. La méthode Silva l'a aidée à développer la **résilience mentale** nécessaire pour exceller dans son sport.

8. Manifester ses objectifs personnels

Exemple : Attirer l'abondance financière

De nombreuses personnes utilisent la méthode Silva pour manifester **leur réussite financière** et leur abondance dans leur vie. George, propriétaire d'une petite entreprise, avait du mal à développer son entreprise et à attirer de nouveaux clients. Se sentant frustré, il s'est tourné vers la méthode Silva et a commencé à pratiquer **la visualisation des objectifs** . Chaque jour, il visualisait son entreprise en plein essor, avec de nouveaux clients arrivant et des ventes en augmentation.

Peu de temps après, George a remarqué un changement. De nouvelles opportunités ont commencé à se présenter et son entreprise a commencé à se développer. Il pense que l'utilisation de la méthode Silva pour **aligner ses pensées et ses intentions** sur ses objectifs a été la clé pour attirer le succès financier.

Ces exemples illustrent comment la méthode Silva peut être appliquée à **des situations réelles** pour créer des changements positifs. Qu'il s'agisse d'améliorer **la concentration** , de réduire **le stress** , de favoriser **la créativité** ou de manifester **la réussite professionnelle** , la méthode Silva offre des outils puissants pour vous aider à exploiter le pouvoir de votre esprit et à améliorer vos expériences quotidiennes. En utilisant **la visualisation mentale** , **la relaxation** et **l'intuition** , vous pouvez prendre le contrôle de votre vie et obtenir les résultats que vous désirez.

CHAPITRE 8

AMÉLIORER LA CRÉATIVITÉ ET LA PRODUCTIVITÉ

La créativité et la productivité sont deux domaines clés dans lesquels la **méthode Silva** peut avoir un impact puissant. Que vous soyez un artiste, un entrepreneur ou simplement quelqu'un qui cherche à améliorer son flux de travail quotidien, cette approche peut vous aider à libérer un potentiel inexploité et à réaliser de nouvelles percées. Dans ce chapitre, nous découvrirons comment la méthode Silva stimule la créativité et la productivité à l'aide d'exercices mentaux simples mais efficaces.

STIMULER LA CRÉATIVITÉ GRÂCE AUX EXERCICES MENTAUX

L'un des principes fondamentaux de la méthode Silva est la conviction que **la créativité est en chacun de nous** ; il s'agit simplement d'y puiser. De nombreuses personnes sont confrontées à des blocages créatifs, que ce soit en raison du stress, de la peur de l'échec ou simplement de l'ignorance de la manière d'accéder à leur subconscient pour trouver de nouvelles idées. Mais avec la méthode Silva, vous pouvez apprendre à **calmer le désordre mental** , permettant à la créativité de s'exprimer plus librement.

Comment ça marche ?

Lorsque vous pratiquez les techniques mentales de la méthode Silva, vous entrez dans un **état de relaxation alpha profond** , où vos ondes cérébrales ralentissent et votre esprit conscient prend du recul. Cet état est connu pour être très propice à la pensée créative. Il est similaire aux moments qui précèdent l'endormissement ou juste après le réveil, lorsque les idées et les images semblent venir plus facilement.

En apprenant à **entrer intentionnellement dans cet état alpha** , vous pouvez entraîner votre esprit à accéder plus facilement à des idées créatives. Cela peut être pour n'importe quoi, que vous réfléchissiez à un nouveau projet, que vous essayiez d'écrire un livre ou que vous cherchiez de l'inspiration pour résoudre un problème difficile.

EXERCICES MENTAUX POUR DES PERCÉES CRÉATIVES

Plongeons-nous dans certains des **exercices mentaux** que vous pouvez utiliser pour exploiter votre potentiel créatif :

1. Répétition mentale pour projets créatifs

Si vous avez du mal à réaliser un projet créatif, qu'il s'agisse de peinture, d'écriture ou de travail, la technique **de répétition mentale** peut vous aider. Commencez par vous asseoir dans un endroit calme et détendez votre corps en respirant profondément. Fermez les yeux et visualisez-vous en train de terminer le projet avec succès. Imaginez-vous inspiré, les idées affluant librement et le travail prenant forme sans effort.

Dans cet exercice, vous ne vous concentrez pas sur le problème ou le blocage, mais sur la solution. **Votre esprit commence à croire** qu'il peut franchir toutes les barrières parce qu'il s'est déjà « vu » réussir. Cette confiance stimule votre créativité et aide à faire émerger de nouvelles idées.

2. Visualisation créative pour l'inspiration

Lorsque vous cherchez l'inspiration, vous pouvez utiliser la technique **de visualisation créative** pour ouvrir votre esprit à de nouvelles possibilités. Après être entré dans l'état alpha, visualisez une toile vierge ou une page vide devant vous. Imaginez ensuite les **couleurs, les mots ou les dessins** prendre vie sur cette toile. Laissez votre esprit explorer différentes combinaisons, formes et concepts sans jugement. Cette imagerie mentale fluide peut conduire à des percées inattendues auxquelles vous n'auriez peut-être pas pensé dans un état de pleine conscience.

De nombreux artistes et écrivains ont déclaré avoir recours à cette technique pour **surmonter leurs blocages créatifs** et générer de nouvelles idées. En la pratiquant régulièrement, vous commencerez à remarquer des moments plus fréquents d'inspiration créative dans votre vie éveillée.

3. Visualisation de la résolution de problèmes

Pour ceux qui sont confrontés à un **défi créatif** , qu'il s'agisse d'un problème de conception, d'un trou dans l'intrigue d'une histoire ou d'un problème technique au travail, la méthode Silva propose une approche unique de **résolution de problèmes** par la visualisation. Commencez par identifier le défi spécifique auquel vous êtes confronté, puis visualisez-vous en train de le surmonter. Imaginez le résultat final, qu'il s'agisse d'un produit magnifiquement fini ou d'un chapitre parfaitement écrit.

Cet exercice ne consiste pas à résoudre le problème de manière logique, mais à **faire confiance à votre intuition** pour vous guider vers une solution. Souvent, après quelques séances de visualisation, la réponse peut vous venir de manière inattendue, peut-être pendant que vous faites quelque chose qui n'a aucun rapport avec le problème. C'est votre subconscient qui travaille sur le problème en arrière-plan, trouvant un moyen de contourner le blocage.

TÉMOIGNAGE : LIBÉRER LA CRÉATIVITÉ ET LA PRODUCTIVITÉ AVEC LA MÉTHODE SILVA

De nombreuses personnes ont découvert leur potentiel créatif en pratiquant la méthode Silva. Prenons l'exemple d' **Anna** , une graphiste qui était coincée dans une ornière créative depuis des mois. Ses créations manquaient d'inspiration et elle avait du mal à respecter les délais car elle réfléchissait constamment trop à ses idées.

Aprèss avoir participé à un atelier de la méthode Silva, Anna a commencé à pratiquer quotidiennement **la visualisation**

créative . Elle passait 10 minutes chaque matin à s'imaginer terminer ses projets avec facilité, en produisant des designs audacieux et innovants. Elle utilisait également la technique de l'état alpha pour calmer son esprit avant de commencer son travail chaque jour, ce qui lui permettait d'aborder ses tâches avec **clarté** et **concentration** .

En quelques semaines, Anna a remarqué un changement significatif. Non seulement ses créations ont commencé à lui paraître plus inspirées, mais elle les a également terminées plus rapidement. Elle a pris davantage confiance dans ses décisions créatives et sa productivité a grimpé en flèche. Ses clients étaient ravis de ses nouvelles créations et elle a même commencé à recevoir **des recommandations** de clients satisfaits.

L'histoire d'Anna n'est qu'un exemple de la façon dont la méthode Silva peut aider à surmonter les blocages créatifs et à stimuler la productivité. En entraînant l'esprit à se concentrer, à se détendre et à accéder à des niveaux de conscience plus profonds, la méthode fournit un cadre puissant pour libérer la créativité.

AMÉLIORER LA PRODUCTIVITÉ AVEC LA MÉTHODE SILVA

Si la créativité est souvent mise à l'honneur, **la productivité** est tout aussi importante. Après tout, vous pouvez avoir toutes les idées du monde, mais si vous n'êtes pas capable de les mettre en pratique, elles ne restent que des idées. La méthode Silva propose des outils puissants pour vous aider non seulement à penser de manière créative, mais aussi **à travailler de manière efficace et productive** .

L'un des principes fondamentaux ici est **la clarté mentale** . Lorsque votre esprit est encombré par le stress, le doute ou l'anxiété, il est difficile de rester concentré sur les tâches à accomplir. La méthode Silva vous aide à calmer ce bruit mental et à aborder votre travail avec un esprit clair et calme. Cela vous permet de prendre de meilleures décisions et de travailler avec plus de concentration et d'intention.

APPLIQUER DES EXERCICES MENTAUX À LA PRODUCTIVITÉ

Voici quelques techniques de la méthode Silva qui peuvent vous aider à améliorer votre productivité dans votre vie quotidienne :

1. Visualisation pour l'achèvement des tâches

Si vous avez un gros projet ou une longue liste de choses à faire, il peut être extrêmement utile **de visualiser le processus** et le résultat. Avant de commencer, prenez quelques instants pour vous visualiser en train d'accomplir chaque tâche avec aisance. Imaginez-vous rester concentré, éviter les distractions et terminer le travail à temps. Vous pouvez même décomposer mentalement les tâches en visualisant chaque étape.

Cette **répétition mentale** prépare votre esprit à l'action. En visualisant le succès, vous dites à votre cerveau que vous êtes capable de terminer le travail. Cela renforce votre motivation et vous permet de rester sur la bonne voie tout au long de la journée.

2. Gestion du stress pour une meilleure concentration

La productivité est souvent entravée par **le stress** et le dépassement de soi. La méthode Silva vous apprend à entrer rapidement dans un état de relaxation, ce qui peut changer la donne lorsque vous vous sentez stressé au travail. En prenant quelques minutes pour pratiquer la respiration profonde et la relaxation mentale, vous pouvez **recharger votre esprit** et retourner à vos tâches avec plus de concentration et d'énergie.

RÉFLEXIONS FINALES SUR LA CRÉATIVITÉ ET LA PRODUCTIVITÉ AVEC LA MÉTHODE SILVA

La méthode Silva offre un moyen pratique et efficace de libérer la créativité et **d'améliorer la productivité** . Que vous soyez confronté à un blocage créatif, que vous ayez du mal à vous concentrer ou que vous cherchiez simplement à exploiter tout le potentiel de votre esprit, les techniques proposées dans cette méthode peuvent vous guider vers le succès. En apprenant à utiliser des techniques **de visualisation mentale** et de relaxation, vous pouvez entraîner votre esprit à travailler en harmonie avec vos objectifs, ce qui vous permet de donner vie à vos idées et d'accomplir plus que vous n'auriez jamais cru possible.

EXERCICES PRATIQUES POUR DES PERCÉES CRÉATIVES

Pour exploiter votre **potentiel créatif**, la méthode Silva propose des exercices pratiques conçus pour vous aider à franchir les barrières et à accéder à de nouvelles idées. La créativité est souvent considérée comme quelque chose d'insaisissable, quelque chose qui va et vient de manière imprévisible. Cependant, grâce aux techniques mentales de la méthode Silva, vous pouvez apprendre à cultiver un **état d'esprit créatif** de manière cohérente et intentionnelle.

Dans cette section, nous explorerons **des exercices pratiques** qui vous guideront vers des percées créatives, que vous cherchiez à améliorer vos projets ou votre carrière ou même à résoudre des problèmes complexes. Ces exercices sont simples à suivre, mais leur impact peut être profond s'ils sont pratiqués régulièrement.

VISUALISATION CRÉATIVE POUR DES IDÉES RÉVOLUTIONNAIRES

L'un des exercices les plus efficaces de la méthode Silva pour réaliser des percées créatives est **la visualisation créative**. La visualisation ne se résume pas à une simple rêverie : c'est une pratique intentionnelle et ciblée qui aide l'esprit à puiser dans **des niveaux de créativité plus profonds, souvent inexploités**. Voici comment vous pouvez la pratiquer pour stimuler votre créativité :

1. Préparez le terrain

Commencez par trouver un endroit calme où vous ne serez pas dérangé pendant au moins 10 à 15 minutes. Asseyez-vous ou allongez-vous confortablement et fermez les yeux. Commencez par quelques respirations profondes pour calmer votre esprit et détendre votre corps. La clé ici est d'entrer dans l' **état alpha** , un état d'esprit détendu où vos ondes cérébrales ralentissent et vous pouvez accéder à votre subconscient.

2. Visualisez votre objectif

Une fois que vous êtes détendu, commencez à **visualiser votre objectif créatif** . Si vous travaillez sur un projet spécifique, imaginez-le terminé devant vous. Imaginez les couleurs, les textures, les mots ou les motifs aussi vivement que possible. Si vous cherchez l'inspiration, visualisez une toile vierge ou un espace et laissez votre esprit créer **librement** sans pression ni jugement. L'objectif ici est de laisser libre cours à votre imagination et de voir quelles nouvelles idées vous viennent.

3. Engagez vos sens

En visualisant, essayez de solliciter autant de sens que possible. Par exemple, si vous imaginez un tableau, pensez à la sensation du pinceau dans votre main ou à l'odeur de la peinture. En sollicitant vos sens, vous pouvez approfondir votre visualisation et la rendre plus **réelle** pour votre esprit. Cette pratique permet de renforcer la connexion entre votre conscient et votre subconscient, ce qui facilite la concrétisation d'idées créatives.

RÉPÉTITION MENTALE POUR LA CRÉATIVITÉ

Une autre technique efficace est **la répétition mentale** . Cet exercice vous permet de pratiquer mentalement une tâche ou une compétence créative, en préparant votre esprit à la réalité. Les athlètes ont souvent recours à la répétition mentale pour améliorer leurs performances, et le même principe s'applique aux domaines créatifs comme l'écriture, la conception ou la résolution de problèmes.

1. Entrez dans l'état Alpha

Comme pour la visualisation créative, vous devez commencer par entrer dans un état de relaxation. Cela prépare votre esprit à être réceptif à de nouvelles idées et renforce votre capacité de concentration.

2. Pratiquez mentalement votre processus créatif

Une fois dans l'état alpha, **répétez mentalement le processus créatif** que vous souhaitez améliorer. Par exemple, si vous êtes écrivain, visualisez-vous assis pour écrire, les idées jaillissant sans effort sur la page. Si vous êtes musicien, imaginez-vous en train de jouer d'un instrument ou de composer un nouveau morceau de musique.

L'essentiel ici est de rendre la pratique mentale aussi **vivante et détaillée** que possible. Imaginez-vous complètement immergé dans la tâche créative, en vous sentant confiant et inspiré. En faisant cela régulièrement, vous entraînez votre esprit à aborder la tâche réelle avec le même niveau de concentration et de créativité, augmentant ainsi la probabilité d'une percée.

RÉSOLUTION DE PROBLÈMES GRÂCE À LA VISUALISATION CRÉATIVE

La créativité est souvent mise à l'honneur lorsqu'elle sert à **résoudre des problèmes** . Que vous soyez confronté à un blocage créatif, à un défi professionnel ou à un dilemme personnel, les techniques de résolution de problèmes de la méthode Silva peuvent vous guider vers une solution. Cet exercice consiste à utiliser vos **pouvoirs créatifs** pour surmonter les obstacles et trouver des moyens innovants d'avancer.

1. Identifier le problème

Commencez par identifier clairement le problème ou le défi que vous souhaitez résoudre. Il peut s'agir de comprendre comment concevoir un projet, de résoudre un problème technique ou de surmonter un blocage créatif. Soyez précis sur ce que vous essayez de résoudre.

2. Visualisez la solution

Après vous être relaxé dans l'état alpha, visualisez-vous en train de résoudre le problème. Imaginez le **résultat** : le défi surmonté, le projet terminé ou le blocage supprimé. Ne vous concentrez pas trop sur les étapes à suivre dans l'immédiat ; concentrez-vous plutôt sur le **sentiment de réussite** et de clarté.

Une fois que vous avez la solution en tête, vous pouvez commencer à revenir en arrière et à visualiser les étapes qui vous y ont conduit.

Souvent, au cours de ce processus, votre subconscient vous présentera de nouvelles perspectives ou idées que vous n'aviez pas envisagées auparavant. C'est là que se produit souvent la **percée créative** : lorsque l'esprit voit le problème sous un nouvel angle et propose une solution.

VISUALISATION GUIDÉE POUR UNE EXPANSION CRÉATIVE

Cet exercice guidé vous guidera à travers le processus d'utilisation de **la visualisation créative** pour l'expansion et les percées. Vous pouvez essayer cet exercice chaque fois que vous êtes en quête d'inspiration ou que vous cherchez à libérer votre potentiel créatif.

Étape 1 : Trouvez un endroit calme

Comme toujours, commencez par trouver un endroit calme et confortable où vous ne serez pas dérangé. Asseyez-vous ou allongez-vous et commencez par respirer profondément, en relaxant votre esprit et votre corps. Concentrez-vous sur le ralentissement de vos pensées, en vous permettant d'entrer dans l' **état alpha** .

Étape 2 : Visualisez une toile vierge

Les yeux fermés, imaginez une grande toile vierge devant vous. Cette toile représente votre **esprit créatif** , grand ouvert et plein de potentiel. Dans votre esprit, approchez-vous de la toile et commencez à imaginer **des couleurs, des formes et des motifs** Il n'y a aucune limite ici : laissez libre cours à votre imagination.

Étape 3 : Participez au processus créatif

Maintenant, commencez à vous engager activement avec la toile. Si vous travaillez sur un projet, visualisez les éléments spécifiques qui s'assemblent. Si vous cherchez de nouvelles idées, laissez les **formes et les couleurs** évoluer vers quelque chose d'inattendu. Vous pouvez même imaginer une scène, une histoire ou un concept se former sur la toile. L'important est de laisser les images s'écouler sans restriction.

Étape 4 : Ressentez les émotions de la créativité

En visualisant, remarquez les **sentiments** qui surgissent. La créativité s'accompagne souvent d'un sentiment d'excitation, de curiosité et de découverte. Permettez-vous de ressentir pleinement ces émotions en regardant la toile se remplir d'idées. Ces émotions peuvent contribuer à alimenter votre énergie créatrice lorsque vous retournerez à votre travail.

Étape 5 : Retour à la réalité avec une nouvelle idée

Lorsque vous êtes prêt, sortez lentement de la visualisation en prenant quelques respirations profondes. En ouvrant les yeux, réfléchissez aux idées ou aux images qui vous sont venues pendant l'exercice. Vous pouvez les écrire ou les esquisser pour capturer l'inspiration. Cet exercice peut être répété régulièrement pour aider à maintenir **le flux créatif** et éviter la formation de blocages.

TÉMOIGNAGE : SURMONTER LES BLOCAGES CRÉATIFS

Prenons l'histoire de **Mark** , un graphiste indépendant qui a du mal à trouver de nouvelles idées pour ses clients. Mark était dans une **phase de creux créatif** depuis des semaines, incapable de créer quoi que ce soit qui lui semble inspiré. Après avoir lu sur la méthode Silva, il a décidé d'essayer certains exercices de visualisation.

Mark consacrait 15 minutes chaque matin à la pratique de la visualisation créative. Il imaginait une toile vierge et laissait son esprit créer librement, imaginant des designs audacieux et des concepts innovants. Au début, il lui était difficile de se détendre et de se débarrasser de ses blocages mentaux, mais après quelques jours, il a remarqué que les idées commençaient à venir plus facilement.

En une semaine, Mark avait plusieurs nouveaux concepts pour le projet de son client, et son travail lui semblait à nouveau **frais et inspiré** . Il attribue aux exercices de la méthode Silva le mérite de l'avoir aidé à surmonter son blocage créatif et à accéder à un niveau d'inspiration plus profond.

RÉFLEXIONS FINALES SUR LES EXERCICES PRATIQUES POUR DES PERCÉES CRÉATIVES

La créativité ne doit pas nécessairement être quelque chose qui va et vient au hasard. Avec les bonnes techniques, vous pouvez **entraîner votre esprit** à entrer dans un état de flux créatif chaque fois que vous en avez besoin. Que ce soit par **la**

visualisation créative , la répétition mentale ou des exercices de résolution de problèmes, la méthode Silva fournit un ensemble d'outils puissants pour vous aider à réaliser systématiquement des percées créatives.

En intégrant ces exercices à votre routine quotidienne, vous pouvez améliorer non seulement votre créativité, mais aussi votre **productivité et votre réussite globales** . Avec une pratique régulière, vous constaterez que les idées vous viennent plus facilement et que vous pourrez aborder vos projets créatifs avec une confiance et une clarté retrouvées.

CHAPITRE 9

MAÎTRISER VOS PENSÉES

Maîtriser ses pensées est l'une des pierres angulaires de la méthode Silva. Nos pensées façonnent la façon dont nous percevons et interagissons avec le monde. Ce n'est un secret pour personne que la façon dont vous pensez a une profonde influence sur vos émotions, vos actions et, en fin de compte, sur les résultats de votre vie. Dans ce chapitre, nous explorerons l' **impact des pensées négatives** , la façon dont ces schémas de pensée nous freinent et la façon dont la méthode Silva nous aide à reprogrammer notre esprit pour **la positivité et le succès** .

L'IMPACT DES PENSÉES NÉGATIVES

Les pensées négatives peuvent souvent donner l'impression d'être des invités indésirables qui dépassent les bornes. Ces pensées, qu'elles concernent nous-mêmes, les autres ou le monde qui nous entoure, ont tendance à s'infiltrer dans notre esprit et à prendre racine. Le danger est qu'elles ont tendance à croître et à se multiplier, devenant **des prophéties autoréalisatrices** . Lorsque vous pensez constamment que vous ne pouvez pas accomplir quelque chose ou que les choses ne se passeront pas comme vous le souhaitez, vous êtes plus susceptible d'agir de manière à renforcer cette croyance.

Les pensées négatives sont essentiellement des croyances limitantes, des idées et des suppositions que nous avons acceptées, souvent inconsciemment, qui créent une barrière entre notre situation actuelle et celle que nous souhaitons atteindre. Par exemple, si vous pensez constamment « Je ne suis pas assez bon » ou « Je ne réussirai jamais », ces pensées commencent à façonner la réalité que vous vivez. Elles peuvent conduire à la procrastination, à l'anxiété et même à l'auto-sabotage, vous enfermant dans un cycle de négativité.

Mais quel est l'impact de ces pensées sur votre esprit et votre corps ? Des études ont montré que **les pensées négatives** peuvent déclencher des réactions de stress, qui affectent votre santé physique, entraînant des tensions, de la fatigue et un affaiblissement du système immunitaire. Sur le plan mental, elles obscurcissent votre jugement, ce qui vous empêche de voir des opportunités ou des solutions. Sur le plan émotionnel, elles vous pèsent, entraînant souvent des sentiments d'impuissance ou de frustration.

Maintenant, pensez au **scénario inverse** : que se passerait-il si votre esprit était libéré de tout encombrement négatif ? Et si vous pouviez reprogrammer votre pensée pour vous concentrer sur **des croyances positives et valorisantes** ? C'est là qu'intervient la méthode Silva.

COMMENT LES SCHÉMAS DE PENSÉE NÉGATIFS NOUS FREINENT

Les schémas de pensée négatifs n'apparaissent pas de nulle part. Ils se forment souvent au fil du temps, enracinés dans des expériences passées, un conditionnement social ou même la façon dont nous avons été élevés. Une fois qu'ils s'installent, ils créent un cycle de **comportements renforcés** qui peuvent nous empêcher d'atteindre notre potentiel.

Voici comment cela fonctionne : vous subissez un échec ou un revers – disons que vous n'avez pas obtenu la promotion que vous espériez. Cet événement conduit à une pensée négative : « Je ne suis tout simplement pas assez bon pour progresser. » Vous intériorisez cette pensée et elle devient une croyance. Comme vous croyez que vous n'êtes pas assez bon, vous risquez de cesser de vous présenter à de nouvelles opportunités, en pensant : « À quoi bon ? Je vais encore échouer. » Plus vous renforcez cette croyance, plus elle affecte vos actions, devenant finalement une **prophétie autoréalisatrice** .

Pour sortir de ce cycle, il faut **de la conscience et de la détermination** . Vous devez prendre conscience des pensées et des croyances négatives que vous entretenez, puis les remplacer intentionnellement par des pensées positives. La méthode Silva vous enseigne des techniques puissantes pour vous aider à y parvenir, des techniques qui fonctionnent avec le subconscient pour reprogrammer vos schémas de pensée afin de **réussir** .

REPROGRAMMER VOTRE PENSÉE AVEC LA MÉTHODE SILVA

La méthode Silva enseigne que vous avez le pouvoir de changer vos pensées et, par extension, votre réalité. Tout commence par l' **état alpha** , cet état mental détendu où votre cerveau est plus réceptif aux nouvelles idées et suggestions. Dans cet état, vous pouvez consciemment diriger votre esprit pour **libérer les pensées négatives** et les remplacer par des croyances positives et constructives.

La clé réside dans **la programmation mentale** , une technique qui vous permet de donner à votre esprit des instructions claires sur ce que vous voulez penser et croire. En pratiquant régulièrement cette méthode, vous pouvez commencer à constater des changements significatifs dans la façon dont vous vous percevez et dont vous percevez vos capacités.

Voici un exercice simple que vous pouvez utiliser pour commencer à reprogrammer vos pensées :

1. **Détendez-vous et entrez dans l'état alpha** en vous asseyant dans un endroit calme, en respirant profondément et en calmant votre esprit.

2. Une fois que vous êtes détendu, réfléchissez à une **pensée négative** qui vous a fait du mal. Par exemple : « Je ne suis pas assez bon. »

3. **Reconnaissez cette pensée**, mais ne vous y attardez pas. Visualisez-vous plutôt en train d'effacer cette pensée de votre esprit, comme si vous effaciez un tableau noir.

4. **Remplacez la pensée négative** par une affirmation positive. Dans ce cas, vous pourriez dire : « Je suis capable de réussir et je le mérite. » Répétez cette affirmation lentement et avec conviction, en vous visualisant en train de réussir et en vous sentant en confiance.

En pratiquant cela régulièrement, vous entraînez votre esprit à abandonner les croyances limitantes et à se concentrer plutôt sur **des pensées positives et stimulantes**.

TÉMOIGNAGE : REPROGRAMMATION POUR LA POSITIVITÉ ET LE SUCCÈS

Prenons l'histoire de **Julia**, une femme qui a passé la majeure partie de sa vie à **douter d'elle-même** et à penser de manière négative. Elle a grandi dans un environnement où elle était constamment comparée à ses frères et sœurs et où on lui faisait sentir qu'elle n'était pas aussi capable. Ces premières expériences ont planté les graines de **croyances auto-limitantes**, qui ont continué à se développer à l'âge adulte.

Julia a connu des difficultés dans sa carrière, ne se sentant jamais assez bonne pour rechercher des promotions ou assumer des rôles de direction. Elle s'est convaincue qu'elle n'était pas assez intelligente, talentueuse ou méritante pour réussir. En conséquence, elle est restée au même poste de débutant pendant des années, regardant les autres progresser alors qu'elle restait bloquée.

Se sentant frustrée et perdue, Julia a décidé d'essayer la méthode Silva sur recommandation d'une amie. Elle a découvert le pouvoir de **la programmation mentale** et a commencé à la pratiquer quotidiennement. L'une des premières choses sur lesquelles elle a travaillé a été de reprogrammer ses **schémas de pensée négatifs** .

Elle a commencé par identifier la croyance négative fondamentale qui la retenait : « Je ne suis pas assez bien. » Julia entrait dans l' **état alpha** tous les matins et s'entraînait à remplacer cette pensée par une affirmation positive : « Je mérite le succès et j'ai tout ce qu'il faut pour atteindre mes objectifs. »

Au fil du temps, elle a remarqué un **changement dans son état d'esprit** . Au lieu de se sentir anxieuse et de douter, elle a commencé à avoir plus confiance en ses capacités. Elle a commencé à se porter volontaire pour des projets au travail et a même postulé pour un poste plus élevé. En quelques mois, Julia a reçu la promotion qu'elle avait toujours voulue. Elle attribue son succès à sa capacité à **reprogrammer sa pensée** en utilisant la méthode Silva.

<u>RÉFLEXIONS FINALES SUR LA MAÎTRISE DE VOS PENSÉES</u>

Votre esprit est votre outil le plus puissant, et maîtriser vos pensées est la clé pour libérer votre potentiel. **Les pensées**

négatives peuvent sembler accablantes, mais elles ne doivent pas contrôler votre vie. En prenant conscience des croyances limitantes que vous entretenez et en utilisant les techniques de la méthode Silva pour les reprogrammer, vous pouvez orienter votre pensée vers **la positivité et le succès** .

Le chemin vers la maîtrise de vos pensées n'est pas toujours facile, mais il est incroyablement gratifiant. Avec de la pratique, vous découvrirez que votre esprit devient votre meilleur allié, vous aidant à atteindre vos objectifs, à surmonter les obstacles et à créer la vie que vous souhaitez. En continuant à pratiquer les techniques de ce chapitre, vous commencerez à remarquer que **la pensée positive** devient une seconde nature, vous permettant d'aborder la vie avec confiance et clarté.

COMMENT REPROGRAMMER VOTRE ESPRIT POUR LA POSITIVITÉ

Reprogrammer votre esprit pour **qu'il devienne positif** est l'un des aspects les plus transformateurs de la méthode Silva. Notre esprit fonctionne constamment en mode pilote automatique, produisant des pensées basées sur des expériences passées, des influences extérieures et des croyances profondément ancrées. Bien qu'il soit naturel d'avoir des pensées négatives de temps en temps, cela devient un problème lorsque ces pensées commencent à dominer notre paysage mental. La bonne nouvelle est que vous pouvez prendre le contrôle de votre esprit et le reprogrammer pour qu'il **devienne positif**, ce qui améliorera considérablement votre vie.

TECHNIQUES POUR CONTRÔLER ET REDIRIGER LES PENSÉES NÉGATIVES

L'une des difficultés les plus courantes auxquelles les gens sont confrontés est l'incapacité à contrôler leurs pensées. Vous avez peut-être déjà vécu des moments où une pensée négative s'insinue et, avant même de vous en rendre compte, elle se transforme en une boucle mentale de doute, de peur ou d'inquiétude. La première étape de la reprogrammation de votre esprit consiste à apprendre à **contrôler** et **à rediriger** ces pensées négatives lorsqu'elles surviennent.

La méthode Silva propose des outils efficaces pour y parvenir. Il est important de comprendre que même si vous ne pouvez pas toujours empêcher les pensées négatives d'entrer dans votre esprit, vous avez le pouvoir de choisir de les affronter ou non. Voici quelques techniques pour vous aider à prendre les choses en main :

1. **Reconnaissez la pensée, puis laissez-la partir** : Lorsqu'une pensée négative surgit, ne la combattez pas. Au contraire, reconnaissez-la sans la juger. Dites-vous : « Je vois cette pensée », puis décidez consciemment de la laisser partir. Cela peut être aussi simple que de visualiser la pensée s'envoler comme un nuage ou se dissoudre dans l'air.

2. **Remplacez le négatif par un positif** : Dès que vous vous débarrassez de la pensée négative, remplacez-la par une **affirmation** ou une pensée positive. Si la pensée était « Je ne réussirai jamais », remplacez-la par quelque chose comme « Je suis capable et je suis sur la voie du succès ». En redirigeant immédiatement votre esprit, vous empêchez la pensée négative de prendre racine.

3. **Utilisez la technique d'arrêt** : chaque fois que vous vous retrouvez pris dans une spirale de pensées négatives, utilisez la **technique d'arrêt** . Dites simplement « STOP ! » à voix haute ou dans votre esprit, et visualisez un panneau d'arrêt. Cela interrompt le flux de négativité et vous donne un moment pour passer consciemment à un état d'esprit plus positif.

4. **Pratiquez la gratitude** : la gratitude est un moyen puissant de changer votre état d'esprit. Lorsque vous vous sentez submergé par des pensées négatives, faites une pause et concentrez-vous sur les choses pour lesquelles vous êtes reconnaissant. Il n'est pas nécessaire que ce soit quelque chose de majeur - même de petites choses, comme avoir un toit au-dessus de votre tête ou un repas chaud, peuvent créer un changement de perspective. Plus vous vous concentrez sur la gratitude, plus vous entraînez votre cerveau à rechercher le bon côté de chaque situation.

Ces techniques sont simples mais efficaces. Avec de la pratique, vous parviendrez plus facilement à détecter et à rediriger les pensées négatives avant qu'elles ne prennent le dessus sur votre esprit.

EXERCICES D'AFFIRMATIONS ET D'IMAGERIE POSITIVE

Les affirmations sont un outil incroyablement puissant pour reprogrammer votre esprit. Elles fonctionnent en **remplaçant les croyances limitantes** par des croyances valorisantes, créant de nouvelles voies neuronales qui favorisent la pensée et le comportement positifs. La clé des affirmations est la cohérence et la croyance : vous devez les répéter souvent et croire en la possibilité d'un résultat positif.

Associées à **des images positives** , les affirmations deviennent encore plus puissantes. La visualisation puise dans votre **subconscient** , là où résident vos croyances et schémas de pensée profondément ancrés. En visualisant des résultats positifs tout en répétant des affirmations, vous envoyez un signal clair à votre subconscient indiquant qu'il s'agit de la réalité que vous souhaitez créer.

Voici quelques étapes pour créer votre pratique **d'affirmation et d'imagerie positive** :

1. **Créez vos affirmations** : vos affirmations doivent être claires, positives et formulées au présent. Par exemple, si vous travaillez à renforcer votre confiance en vous, vous pouvez utiliser des affirmations telles que « J'ai confiance en mes capacités » ou « Je me fais confiance pour prendre

les bonnes décisions ». Ces affirmations doivent résonner en vous et vous sembler crédibles. Évitez d'utiliser des affirmations négatives, comme « Je n'ai pas peur », et concentrez-vous plutôt sur ce que vous voulez, comme « Je suis courageux ».

2. **Visualisez le résultat souhaité** : Lorsque vous répétez vos affirmations, fermez les yeux et **visualisez** ce que cela représente et ce que vous ressentez lorsque vous vivez déjà cette réalité. Si votre affirmation concerne la confiance, imaginez-vous dans une situation où vous vous sentez en confiance, par exemple en train de faire une présentation, de prendre la parole lors d'une réunion ou d'affirmer votre opinion dans une conversation. Visualisez la scène dans ses moindres détails, notamment votre apparence, vos sentiments et votre comportement.

3. **Faites appel à vos sens** : plus votre visualisation vous semble **réelle**, plus elle devient puissante. Essayez de faire appel à autant de sens que possible : que voyez-vous, entendez-vous, sentez-vous et ressentez-vous dans ce scénario imaginaire ? Si vous visualisez le succès au travail, imaginez les sons des félicitations de vos collègues, le sentiment d'accomplissement et les images qui vous entourent. Plus vous vous immergez dans cette imagerie positive, plus la connexion entre votre esprit conscient et votre subconscient devient forte.

4. **Pratiquez quotidiennement** : pour que les affirmations et les images positives reprogramment vraiment votre esprit, vous devez les pratiquer quotidiennement. Le matin et le soir sont les meilleurs moments, car votre cerveau est naturellement plus réceptif pendant ces périodes de la journée. Au fil du temps, vous remarquerez que votre pensée devient plus **positive et proactive**, et vous vous tournerez naturellement vers des comportements qui correspondent à vos nouvelles croyances.

EXEMPLE : UNE PRATIQUE D'AFFIRMATION ET DE VISUALISATION POUR CHANGER LES SCHÉMAS DE PENSÉE

Passons en revue une pratique en temps réel que vous pouvez utiliser pour passer d'un état d'esprit négatif à un état d'esprit positif.

1. **Trouvez un endroit calme** : Asseyez-vous dans un endroit calme et confortable où vous ne serez pas dérangé. Fermez les yeux et prenez quelques respirations profondes pour vous recentrer.

2. **Choisissez votre affirmation** : Pensez à une pensée négative ou à une croyance limitante avec laquelle vous avez lutté ces derniers temps. Il peut s'agir de quelque chose comme : « Je ne suis pas capable d'atteindre mes objectifs. » Transformez maintenant cette pensée négative en une affirmation positive. Dans ce cas, vous pourriez dire : « Je

suis tout à fait capable d'atteindre tout ce que je me suis fixé comme objectif. »

3. **Entrez dans l'état Alpha** : détendez votre corps et votre esprit en respirant lentement et profondément. En inspirant, imaginez que l'énergie positive remplit votre corps. En expirant, imaginez que tout le stress et l'énergie négative quittent votre corps. Après quelques respirations, vous devriez vous sentir détendu et concentré.

4. **Visualisez votre réussite** : tout en répétant votre affirmation en silence ou à voix haute, commencez à vous visualiser dans un scénario où vous avez déjà réussi. Imaginez-vous en train de gérer un projet au travail avec confiance, de recevoir des félicitations pour vos efforts ou même de voir une récompense tangible comme une promotion ou une reconnaissance. Faites appel à tous vos sens : à quoi ressemble ce succès, à quoi ressemble-t-il et à quoi ressemble-t-il ?

5. **Ressentez l'émotion** : En visualisant ce succès, concentrez-vous sur les **émotions** que vous ressentiriez à ce moment-là. Vous sentiriez-vous fier, excité, reconnaissant ? Permettez-vous de ressentir ces sentiments comme s'ils se produisaient en ce moment même.

6. **Répétez** : restez dans cet espace pendant environ cinq à dix minutes, répétez votre affirmation et renforcez votre visualisation. Lorsque vous êtes prêt, ouvrez lentement les

yeux et prenez quelques instants pour réfléchir à ce que vous ressentez.

Passer de la négativité **à la positivité** est l'une des choses les plus enrichissantes que vous puissiez faire. Même si cela demande de la pratique, les récompenses changent votre vie. Vous remarquerez que non seulement vous pensez différemment, mais que vous commencez à aborder les situations avec plus d'optimisme, de créativité et de résilience.

Les affirmations, la visualisation et les techniques décrites ici sont des outils simples mais puissants pour reprogrammer votre esprit. Plus vous pratiquez, plus il devient naturel de vous concentrer sur le positif et de laisser tomber les pensées qui ne vous servent plus. Grâce à une pratique régulière, vous pouvez vraiment **reprogrammer votre esprit pour la positivité** , ouvrant ainsi de nouvelles possibilités de réussite, de bonheur et d'épanouissement.

CONCLUSION

Alors que nous arrivons à la fin de ce voyage à travers la méthode Silva, il est temps de réfléchir aux **principaux avantages** de tout ce que nous avons exploré. À la base, la méthode Silva vise à libérer l'immense pouvoir de votre esprit, à transformer votre façon de penser, de ressentir et de vivre la vie. Les **avantages** sont profonds et de grande portée, touchant tous les aspects de votre existence, de votre **clarté mentale** et **de votre gestion du stress** à votre **créativité** et à votre **guérison** .

RÉSUMÉ DES PRINCIPAUX AVANTAGES DE LA MÉTHODE SILVA

La méthode Silva n'est pas seulement un ensemble de techniques ; c'est un cadre pour créer une **vie équilibrée et autonome** . En développant vos capacités **de visualisation mentale** , en apprenant à entrer dans l' **état alpha** et en renforçant votre **intuition** , vous aiguisez essentiellement la capacité de votre esprit à gérer tout ce que la vie vous réserve. Vous avez vu comment ces pratiques peuvent conduire à **une résolution de problèmes plus efficace** , à une plus grande **créativité** et même à une **connexion plus profonde avec votre moi intérieur** .

L'un des aspects les plus puissants de la méthode Silva est sa capacité à favoriser **la pensée positive** et **l'auto-guérison** . Vous avez appris à prendre le contrôle des schémas de pensée négatifs, à les remplacer par **des affirmations** et à utiliser **la visualisation** pour manifester des changements positifs dans votre vie. En exploitant la connexion corps-esprit, vous avez découvert comment votre **état mental** a un impact direct sur votre **santé physique** . La méthode Silva nous montre que le corps écoute toujours l'esprit et que lorsque vous nourrissez votre esprit de positivité et **d'intention claire** , vous créez un environnement propice à la guérison et à la croissance.

Il est également important de se rappeler que la méthode Silva ne se résume pas à des gains à court terme. Il s'agit d'une pratique conçue pour **une croissance personnelle à long terme** . En appliquant ces techniques de manière cohérente, vous continuerez à **évoluer** mentalement, émotionnellement et même spirituellement. Que vous travailliez à améliorer votre **carrière** , à renforcer vos **relations** ou à exploiter votre **créativité** , la méthode Silva vous donne les outils pour **atteindre un succès** et un épanouissement durables.

ENCOURAGER LE LECTEUR À DÉVELOPPER UNE PRATIQUE COHÉRENTE

La constance est la clé pour obtenir de vrais résultats avec la méthode Silva. Vous avez peut-être connu de petites avancées ou des moments de clarté en effectuant les exercices, mais la véritable transformation se produit lorsque vous vous engagez à intégrer ces pratiques à votre vie quotidienne. Considérez cela comme un renforcement musculaire : plus vous pratiquez, plus votre esprit devient fort et efficace.

Intégrer des techniques comme **la visualisation mentale** , **l'imagerie guidée** et **la méditation** à votre routine peut être aussi simple que de réserver quelques minutes chaque jour. Vous pouvez commencer par un **exercice de relaxation de 5 minutes** le matin pour donner le ton à la journée, ou peut-être terminer votre soirée par une **pratique de visualisation** pour aligner vos pensées sur vos objectifs. L'important est de créer une routine qui vous convient et de vous y tenir.

Il est également utile de suivre vos progrès. **Tenir un journal** de vos expériences peut vous fournir des informations précieuses sur la manière dont la méthode Silva façonne votre vie. Vous commencerez à remarquer des schémas : vous verrez peut-être que votre **niveau de stress** diminue ou que vous devenez plus intuitif dans votre prise de décision. Ces petites victoires vous motiveront à continuer et, au fil du temps, vous constaterez les bénéfices à long terme.

RÉFLEXIONS FINALES SUR L'UTILISATION DE LA MÉTHODE SILVA POUR UNE CROISSANCE PERSONNELLE À LONG TERME

La méthode Silva vous offre un chemin vers **une amélioration continue de vous-même** . Elle vous apprend à accéder à votre **pouvoir intérieur** , cette partie silencieuse mais profondément puissante de vous-même qui sait comment surmonter les défis de la vie avec grâce, clarté et créativité. Il ne s'agit pas de devenir quelqu'un d'autre, mais de devenir la **meilleure version de vous-même** .

Au cours de ce voyage, vous avez appris que l'esprit est votre meilleur outil. Lorsque vous apprenez à **maîtriser vos pensées** , tout le reste se met en place. Vous avez découvert comment **les techniques de relaxation** peuvent calmer votre corps et votre esprit, comment **la visualisation** peut transformer les rêves en réalité et comment **l'intuition** peut vous guider vers vos désirs les plus profonds.

La croissance personnelle n'est pas une destination, c'est un processus qui dure toute la vie. Et la méthode Silva est là pour vous accompagner à chaque étape du chemin. Chaque fois que vous vous sentez bloqué, dépassé ou incertain de votre prochaine étape, vous disposez désormais des outils pour réaligner vos pensées, puiser dans votre intuition et avancer en toute confiance.

Alors, alors que vous continuez votre chemin de **découverte de soi** et de croissance, n'oubliez pas que c'est à vous de façonner ce voyage. La méthode Silva vous accompagne dans ce voyage, vous permettant de créer la vie que vous désirez, remplie de **paix** , **de sens** et **de possibilités** .

Que cela soit votre **point de départ** pour une plus grande transformation. Votre esprit est illimité et les possibilités de croissance sont infinies. Continuez à pratiquer, continuez à évoluer et regardez le monde s'ouvrir d'une manière que vous n'auriez jamais imaginée.